文人堂

黄强 著

文人置业那些事

暨南大学出版社
JINAN UNIVERSITY PRESS
中国·广州

图书在版编目（CIP）数据

文人置业那些事/黄强著 . —广州：暨南大学出版社，2011. 12
ISBN 978 - 7 - 5668 - 0039 - 8

Ⅰ.①文…　Ⅱ.①黄…　Ⅲ.①文人—生平事迹—中国　Ⅳ.①K825.4

中国版本图书馆 CIP 数据核字(2011)第 238164 号

· 文人置业那些事 ·

出　版　人：徐义雄
策划编辑：史小军
责任编辑：陈　涛
责任校对：郑小燕
地　　　址：中国广州暨南大学
电　　　话：总编室（8620）85221601
　　　　　　营销部（8620）85225284　85228291　85228292（邮购）
传　　　真：（8620）85221583（办公室）　　85223774（营销部）
邮　　　编：510630
网　　　址：http：//www. jnupress. com　http：//press. jnu. edu. cn
排　　　版：广州市天河星辰文化发展部照排中心
印　　　刷：佛山市浩文彩色印刷有限公司
开　　　本：787mm×960mm　1/16
印　　　张：13. 25
字　　　数：180 千
版　　　次：2011 年 12 月第 1 版
印　　　次：2011 年 12 月第 1 次
印　　　数：1—3000 册
定　　　价：29. 80 元

（暨大版图书如有印装质量问题，请与出版社总编室联系调换）

序

多年未见的黄强同志突来舍间，为其新作《中国文人置业志》[1]（下称《置业志》）索序，并云读过我的《南京清凉山序》，序中说及不佞一般不为人作序，但弟子论著、有关桑梓之作则属例外。黄强君自陈曾在南京师范大学"游学"，又云《置业志》一书大半篇幅乃叙写南京历史上的文人宅舍。听其言，读其书，原不便拒绝，但因宿疾发作，难以为之，黄君则说明不限时日，也不限内容，固辞不得，乃扶疾执笔成此短文。

（一）

黄君说，当年在南京师大"游学"期间，读过方晓红教授的《晚清报刊与晚清小说发展关系研究》，很受启发。黄君说，方教授是学中文出身而从事新闻教学工作的，自己也是从中文系毕业而长期在新闻媒体工作，因而阅读方教授的著作特别有体会，尤其是笔者为该书写的序言，谈及科学研究的发展必然是朝高度分化、高度综合两个方向同步前进的，因而无论是由物质文明建设而发展的自然科学，还是由精神文明建设而产生的人文社会科学两大学科本身，还是两大学科系列内的各级学科、各个分支都需要彼此支撑，相互渗透，这是人类社会持续发展所需要的。因此，学术研究不仅要求专精，而且也要求博通。黄君认为这一见解对他影响很大。

黄君《置业志》择定文人的物质生活不可须臾所无的"住"的问题着手进行研究，是很有眼识的。20世纪末，笔者曾先后应香港大学"中国传统文化与现代社会论坛"和韩国启明大学"二十世纪人文科学展望著名学者演讲大会"的邀请作演讲，就曾谈及"人们必须首先解决生存所必需的衣、食、住、行问题，然后才能考虑其他事情，也就是说物质生产方式制约着整个人类生存、社会生活和精神产品，物质的生产方式制约着物质文明和精神文明的状况以及发展的水平"（讲稿成文后被收入武汉大学中国传统文化研究中心主编的《名家演讲集》，武汉大学出版社，2001年）。《置业志》正是从"住"入手，论及文人的物质生活与精神生活，对陶渊明的居所、王维的"辋川别业"、杜甫的"成都草堂"以至白居易、王安石、朱之蕃、米万钟、严嵩、张居正、李渔、龚贤、吴敬梓、袁枚等一些著名文人十余家建构宅舍的实况，逐个进行研究，从他们的经济生活去探求"置业"的可能条件，从文化角度来描述名宅的建筑特点，又从他们构建宅舍的过程及厅堂楼阁的实用去寻绎主人的心理状态和创作成就，笔触所及，举凡各个时代的文学、文化、历史、地理、建筑、商贸、经济、民情风俗，乃至朝政得失、宦海沉浮等现实状况，都一一呈现在读者面前，如果没有多学科的知识是难以成此书稿的。就此而言，《置业志》显然是一部博采多学科知识的产物。其实，黄君先前出版之《中国服饰画史》也是汇集多学科知识的一部著作。

当然，人生有涯而知识无涯，要博通各种学科，显然是不易做到的，我们只能尽力而为。不过，在力求博通的同时，还必须有自己的专精，笔者在为吴波教授《阅微草堂笔记研究》所写的序言中就强调"非专一家无以致精，而非兼采众家无以名一家"。在《文艺研究》2006年第10期发表的对我的长篇访谈录中，第一节即谈"博通与专精"。笔者一向认为没有"专精"，也就难以"博通"，各学科均涉及，但无一研究深透的专科，只能是杂而非博。这是从事多学科交叉研究时必须注意及之的。

（二）

《置业志》其实是一部古代文人的"置业史"，按时代先后的名人"置业"状况分列章节。其实，所谓历史也只是各个世代人类社会生活依次交替的记录，从上一世代人类社会生活中总结出来的经验、规律，必然有益于下一世代的继承、发展。因此，研究历史不能脱离现实，"置业"史也如此。我国有着悠久的"古为今用"的学术传统，司马迁在《史记·太史公自序》中即言"述往事，思来者"。

黄强君此作继承了这一优良传统，在考索古代"置业"情况时，不忘今天的"置业"，在涉及不同时期的社会实况时也不忘当前的社会现实，从而体现了"以史为鉴"的功用。例如在"王安石半山园置业"中，在叙述"王安石的仕途比较顺达，但是居住六朝古都南京却不易"之后，笔锋急转而下，说"古今同理"，今日居住南京也实属"不易"，"因为今日的南京房价在全国各大城市排行榜上是前几名，而南京人的收入却没有进入前几名"，"南京本地人购房是倾其一生所有，甚至向亲朋好友举债"。继而又以王安石因家境贫寒无力置业，长期住公房的经历为例，对当今青年男女提出警示："现在要求工作不久的年轻人拥有房产，显得多么的不切合实际……倘若不能把握人生的方向，手中有点权力的官员就只有贪污索贿"，"没有权力之便的年轻人，就可能涉足诈骗、制假、抢劫、贩毒、走私"，不仅"危害社会"，而且也"毁了自己的锦绣前程"。在考察严嵩、张居正等权豪势要"置业"的经过后，指出"明代权贵收受贿赂，修建宅第、府邸、别业"，成为"社会的一种风气"，而其"置业"金钱，都是"搜刮民脂民膏"。在"民国文人置业"文末，作者更直截了当表明："晒晒金钱，摸摸良心，问问社会责任，一部置业经济史，不能简单地看成是单纯的购房置地，也不仅仅是柴米油盐酱醋茶的社会经济生活，其实也是一部官员贪污史、社会反腐史。"[2]

于"置业"之外，围绕"文人"的学术活动，本书也不进有发人深省的评论。在"袁枚随园置业"中，联系袁枚自己写书、印书、售书，"收入自然不低"，针对目前"中央电视台百家讲坛出名之后"的那些"学术超男"和"学术超女"，他们的讲稿"首印就是几十万册、上百万册，一本书的版税就是几百万的收益，其名人效应还体现在各地疯狂地请他们巡回讲课，讲课费一次就是数万元"。而在"吴敬梓秦淮水亭置业"中，叙及旧时洁身自好的文人，即使"卖文为生"，"又能卖得几文钱"？黄君的感慨不为无理。目今一些老教授、老专家的潜心著作，有利于学术而无市场，出版社或者拒绝接受，或者要求作者出资，以致穷年累月的研究成果难以面世。

总之，黄君此著叙说的是"历史"，却处处观照着"现实"，如果黄君能续写一部当代文人"置业"书稿，当会有更多可圈可点之笔，不佞拭目以待。

（三）

黄君在《置业志》中，还积极呼吁对现存的历史名人的遗存和胜迹，要予以维护、修复，并大力弘扬它们的历史文化价值，作为文化教育持续发展的重要资源。例如对王安石的故居，作者颇为其处于"军事管制区，'文革'期间，半山园才侥幸躲避了冲砸，得以保存"而感到庆幸，但同时也因为处于军事管制区，"市民参观多有不便"。因此，黄君呼吁"有关部门能将其修缮，添置王安石生平简介、诗文展示，对外开放"，无疑有益于"钟山文化"、"名人文化"的承传，更何况"王安石的遗存、成就不仅属于南京，而且属于中国乃至世界"。

其他如对龚贤的半亩园，以及清凉山上的扫叶楼，尽管二者非一，作者认为既然后人认定扫叶楼即半亩园，那么"姑且就算是龚贤故居，又何尝不可"。至于袁枚的随园，黄强君在书中说"历史概念的随园已经不存在了，但是随园的遗址依然可以找到，即便无法复建随园建筑，至少可以竖一块碑，告诉人们随园的历史渊源，让人们记住这里曾居住过一个文化老人"等。这些建议，笔者均表赞同，犹记2007年7月，鼓楼区建设局徐晓华局长与文化局张晓燕局长奉沈剑荣区长之命前来南京师范大学找到我，请我参加有关鼓楼区文化建设的咨询活动，不佞乃对乌龙潭、八字山等景点建设或提供文献或提出建议，其实也涉及随园，建议在宁海路、广州路交汇处之西北角（即随家仓车站附近）绿地中置一石碑或建一小亭，标明"随园遗址"。2008年

12 月，应邀参加首届清凉山文化论坛，曾提交《南京清凉山文化蕴涵的感受与思考》一文（见《南京师大文学院学报》2009 年第 1 期），提出进一步"挖掘、彰显清凉山的文化蕴涵，使之具有逐渐增强的吸引力，但是修复文化历史遗存应该让广大民众都能享受这一精神财富，不能将之归于'小众'所有"，只有如此"方能造福广大民众，从而使得优秀的文化传统代代相传，发扬光大"。

《置业志》中涉及的文化遗存，大多处于南京，黄君在呼吁中流露出强烈的乡土之情也是自然的。也许正由于此，笔者方勉力允其为序，因为笔者也是南京土著，虽在"天堂苏、杭"求学、工作达 12 年之久，但却在 20 世纪 60 年代回归故土后未再离乡，桑梓之情未曾稍减。有关南京的文化建设等活动，凡有邀请，尽量出席，略尽绵薄，诸如 1987 年关于秦淮风光带的建设和首届"南京文化"研讨会、1988 年的"南京味"文学讨论会、1996 年省社联召开的"如何开发南京的历史文化资源"座谈等。至于南京地方志编纂委员会邀请南京大学周勋初教授及笔者二人为《100 位南京名人》书稿的顾问、南京社会科学院邀请笔者与南京大学张宪文教授为"南京文化研究丛书"编委会副主任（丛书中之《明代南京学术人物传》一稿，院方一再邀请笔者主编，因当时公私鞅掌，转荐沈新林君为之，只允为之作序），也任其挂名。南京图书馆邀请同济大学戴复东、阮仪三教授，复旦大学葛剑雄教授，东南大学齐康教授，南京大学卞孝萱教授以及笔者等九人为首批特聘学术顾问，并于 2004 年 5 月 3 日在南京博物院举行聘请仪式，并邀请笔者作为顾问代表致辞等。这些活动，媒体有所报道，因此导致新知苏克勤君持其所著《南京清凉山》一书索序，出自桑梓之情，便应命为之，以致相识于 1996 年的黄强君也循例寻来索序。

（四）

黄强君在叙写复建后的秦淮水亭的衰落景象后，向笔者问道："不知当年花费十年工夫，多方呼吁，才复建了吴敬梓秦淮水亭的陈美林教授，近年可故地重游？假若见到此情此景，他又有何感慨？"对此，笔者略予回应。

吴敬梓这一课题作为笔者研究的重点课题之一，始自 1971 年，迄今已 40 载。笔者对这一课题的研究，不仅发表和出版大量论著，还做了一些将其人其作普及到广大群众中的实事，如 20 世纪 80 年代南京电视台拍摄吴敬梓专题片和《儒林外史》系列片，应邀担任文学顾问；90 年代接受中央电视台拍摄《中华文明之光》系列片之《吴敬梓和〈儒林外史〉》的采访等。而在全椒复建吴敬梓纪念馆和南京重建秦淮水亭工作也尽力有所作为。1971 年，接受人民文学出版社委托整理《儒林外史》，我校成立四人小组，笔者为成员之一，并与其他两名成员赴全椒、滁州、合肥和芜湖寻书、访人。全椒县负责人王郁昭接待了我们。不久，全椒县与滁州地区联合安徽大学中文系也成立了研究小组，并来我校"取经"，李汉秋同志并请我系顾复生同志陪同到我的宿舍访问、长谈。1975 年 5 月收到他寄来的《反儒的讽刺小说〈儒林外史〉》写作提纲征求意见，成书以后更名为《儒林群丑的讽刺画卷——评吴敬梓〈儒林外史〉》（由安徽人民出版社于 1977 年 1 月出版）先内部印刷后公开出版发行，两种版本都承先后寄赠。1981 年 10 月，安徽有关单位在滁州地区（地委书记王郁昭）召开吴敬梓诞生 280 周年学术讨论会，一些与会代表包括笔者建议全椒修建吴敬梓纪念馆。由此，方有 1983 年冬全椒县委文书记派车接去，专门研究复建之事。1984 年 10 月开工，1985 年底竣工，1986 年正式对外开放。笔者应邀为纪念馆书对联一副，并先后赠其著作共六七种。从此，全椒县领导如阚家衡、殷守余、龚金龙、李忠烈等同志常来舍间，他们编印的纪念馆画册也交我数十本，请我代为赠送海内外学者。美国、韩国等国学者来访我，也介绍他们去全椒；中央台来采访、拍摄时，也委派弟子陪同去全椒等，尽力扩大全椒吴敬梓纪念馆的影响。为感谢笔者对该县的贡献，1997 年 11 月 21 日，全椒县人大主任李忠烈同志驱车前来，将他们在景德镇烧制的吴敬梓瓷像一座赠送给我（笔者建议他们也赠送一座给业已建成的秦淮水亭，忠烈同志也照办）。此后，2001 年吴敬梓诞辰 300 周年，安徽大学于

10 月 26 日至 31 日举办学术讨论会，中国《儒林外史》学会会长章培恒以及笔者均应邀出席。12 月 4 日至 7 日，滁州市政府又主办纪念会，发来邀请，本因工作繁忙不能出席，但因会长章培恒同志不能与会，滁州方面切盼我能出席，当日并派车来接去海顿酒店。在主席台上，汪国才书记和宋卫平市长一再表示感谢，并请我在开幕式上讲话。总之，对安徽方面的有关活动，在可能情况下，我都尽力支持。

为重建南京秦淮水亭，在多次会议上都曾呼吁过。1984 年 11 月在南京召开"纪念吴敬梓逝世 230 周年学术讨论会"，江苏省委副书记孙颔同志在参加开幕式前要见见我，在十几分钟的交谈中，也曾提出此事，他也表赞同，于是我便在会上提出，《南京日报》1984 年 11 月 3 日报道说："研究《儒林外史》的著名专家陈美林在发言中提议建设吴敬梓纪念亭""得到与会者的热烈赞成"。黄君所云"十年工夫"，乃指 2004 年应《江苏政协》之约撰写的《十年动议，政协促成——吴敬梓秦淮水亭修复记》一文（此文被收入全国政协所编《人民政协纪事》中时，则以副题为正题）中记叙，笔者在担任省政协六、七两届委员的十年中，两度为此写提案，又给时任江苏省委副书记兼南京市委书记顾浩同志写信，得到他们的支持，终于落实建成，并应邀撰写《秦淮水亭重建记》。至于水亭缺乏管理的情况，在《人民政协纪事》所刊拙文之末已曾言及。

1984 年召开的学术讨论会最后一天成立中国《儒林外史》学会（《新华日报》1984 年 11 月 7 日有报道），笔者未曾参加成立大会，但仍被推为副会长，名誉会长为北京大学吴组缃教授，会长为复旦大学章培恒教授，副会长除笔者外，尚有南开大学宁宗一、安徽大学李汉秋两位，理事有刘世德、何满子、郭豫适、何泽翰、袁世硕等近四十人。1986 年全椒吴敬梓纪念馆建成后在馆中召开了《儒林外史》学术讨论会。《安徽日报》1986 年 6 月 26 日报道："纪念吴敬梓诞生 285 周年，《儒林外史》学术讨论会在全椒举行"，"中国《儒林外史》学会副会长陈美林、李汉秋、宁宗一主持了会议。"1996 年在扬州大学召开国际《儒林外史》学术讨论会（《扬子晚报》1996 年 7 月 20

日有报道），笔者以中国《儒林外史》学会副会长、江苏明清小说研究会会长身份主持了这次会议，也邀请全椒吴敬梓纪念馆馆长金厚钧同志与会，当时供职于新华通讯社江苏分社的黄强君也参加会议，这是我们相识之始。春去秋来，如今已经十有五载，笔者老矣，除笔耕之外，这些活动也不再过问，但读近日《扬子晚报》（2011 年 8 月 21 日），得知南京市委书记杨卫泽同志认为"夫子庙地区商业氛围太浓"，应该"增强文化气息"，要"建设好科举博物馆"。而现有的"贡院"与"秦淮水亭"二者与科举文化联系紧密。吴敬梓中年移家南京后即终老于此，《儒林外史》即作于"水亭"。小说在反映科举制度下的士人生活之余，叙及秦淮河、夫子庙等名胜景点，对于这样一位著名作家的遗存，我相信南京人民不会任其长久"落满灰尘"、"一片沧桑"的。当然，向多方呼吁、推动，这有赖于年富力强的黄强君等有心人，笔者乐观其成。

陈美林

辛卯中秋于清凉山下

[说明]

[1] 送请陈美林先生作序的书稿题名《中国文人置业志》，今遵出版社意见，改名为《文人置业那些事》。序言已经陈先生定稿，不便改动，特此说明。

[2] 书稿原先包括鲁迅、张恨水等数名民国时期文人的置业章节，根据出版社的意见，书稿中民国部分抽出来，另成一本新书《民国置业纪事》，但是陈美林先生作序时的这段评说仍保留在序言中。

自 序

购房置业是现在非常流行的词汇，是人们关注的焦点。如果没有居住的所在，还有什么资格谈安居，谈乐业？安居才能乐业，古人对此有精辟的论述。

何以安居？何以乐业？在中国人的思维定式中，必须有房、有家。上古的文字将"家"剖析得非常透彻。所谓"家"，外面是个房子，里面养了一头猪，猪表示的是财富。可见家与房屋有关，与财富有关。

衣食住行，"住"在第三位，其重要性无须赘言。安居的核心就是对居住环境的要求，也就是买房置业行为的要求。一个国家（或社会）的稳定与否，取决于人们的生活是否富裕，也就是说以拥有私有财产的人群是否成为社会的主流群体为标杆。根据统计资料分析，美国的富裕是因为中产阶级在社会阶层中占据主导地位，大部分人富裕了，才会有社会的富裕和多数人生活的稳定。学者研究表明，中产阶级是社会的主流阶级和支撑阶级。一个社会只有大部分人富裕起来，才会有整个社会的富裕与稳定。那么，稳定生活、社会财富的标志是什么？无非是有良好的居住空间，有属于自己的私有房产。房产作为不动产，始终是衡量财富的一个重要标尺，古今中久概莫能外。

中国经历了漫长的重土地、重房产的封建社会，即使在今日的中国农村，仍然保留着房屋代表财富、代表富裕的遗风。几十年前，或由此上溯一百年、几百年前，甚至一千年前，如果某户人家有几间大瓦房，无疑为该户人家娶媳妇，乃至在村庄中的地位带来积极的影响。所谓"大户人家"，必然是家有良田、有若干房屋、宅院深深的富裕人家。上无片瓦、下无立锥之地的家庭肯定是贫寒人家。无地无房乃是贫困的表现，如果单纯从财富论方面着眼，乃是经济不成功的体现，对家庭也是一种不稳定的因素，对家庭人员的成长、成才都形成制约。不过，财富的积累固然有智慧、勤劳、机遇的因素，在中国古代社会，与官本位、腐败也不无关系，官宦阶层掌握着社会权力和财富的分配，这类人一旦失去道德的制约，中饱私囊，或者权钱交易，则使社会的财富流向个人的腰包，清代权臣和珅富可敌国，便是一例。从这个方面讲，古代置业成功者，并不都是以勤劳、智慧致富的，他们的置业或许就是腐败藤上结出的瓜果。

由于重农轻商的历史原因，古代中国社会对于土地买卖、房屋购买等经济活动文献记录较少，这就给我们了解古代社会的置业状态带来了困难。例如，大家知道李渔在南京修建过芥子园，其资金由西秦之行筹集而来，但是资金是多少，李渔的著作、书信中都没有说明。研究李渔的诸多学者也没有考证出金额几何。或许正是因为轻视金钱以及清高思想作祟而有意回避。袁枚在南京筑随园，也曾经惹来是非，非议的核心是说袁枚为官时贪污了一笔巨款，为了避免事情败露，逃避惩罚，他辞官筑园。按现代时髦的话讲，一是避嫌，不做官了，贪污就失去了职务之便的嫌疑；二是洗钱，将贪污的赃款通过投资变成正当的收益。正因如此，袁枚生前身后颇受非议。其实，古今中外置业经济史中，以贪污的钱财大肆购买土地、房产的例子很多，几乎是每一个贪官必然的选择，置业也因此成为贪官贪赃枉法的罪证。

在抨击贪官坏了置业的名声之时，不可否认，置业也与勤劳、经营有方有关。历史上著名的晋商、徽商常年在外经营，有了余钱，往往在家乡置业。如今保留完好的晋中大院、皖南民居，都记载了晋商、徽商发家致富的光荣历史。不可否认，不能回避，商人对置业的贡献是显而易见的。

置业不仅仅是对建筑艺术形式的选择，还体现主人的审美情趣和思想倾向。每一个居住者，都有自己对建筑环境地理、建筑风格和形式的偏好。唐代诗人王维置业辋川，追求诗中画、画中诗的意境，将辋川建设成山居田园和诗意的王国；大诗人白居易在庐山构建草屋，以亲近自然，亲近佛寺梵音，实现他对佛陀的礼拜和佛教的敬仰。

置业也不单纯是一次购房的经济活动，有生活中的无奈，有对故土的眷念，有对新故乡的向往。清代讽刺小说家吴敬梓离开桑梓安徽，迁往南京，固然有对南京的热爱，也是为了离开伤心之地，开始自己的新生。大诗人杜甫于成都建草堂，是他安居生活的开始，离开草堂乃是由于经济靠山、政治庇护的崩塌。他眷念成都草堂，却又不得不离开。

文人购房置业对人文背景也有特殊的要求。袁枚修筑小仓山，不就是看中了小仓山的文化底蕴吗？一脉承天地，人文出大家。陶渊明"采菊东篱下"，为的是"而无车马喧"，因此才能"悠然见南山"。坐看钟山，寄情山水，王安石选择了半山园，实践他建筑人文景观、感悟自然的理想。

文人置业还与政治背景有着不可分割的关联。置业既是居住者对艺术、人生、环境的一次综合考察，也是对置业者经济能力的检验（是否具备了独立置业的能力）。甚至，通过置业的投资额，可以看出置业者的经济收入能力，检验经济来源的合法性，分析置业主人为官是贪还是清。这样的框架放在今日社会，仍然具有鉴别性，因为几乎每个贪官都有豪宅，几乎每个赃官都会搜刮民脂民膏，用以建设他的豪宅。放在银行里的赃款，以及股票债券、金银细软，普通人无法知道，置业房屋则可以直观地呈现在社会监督之下。换言之，置业是一种掩盖不了的罪恶。而且，如果深入思考，在当今社会诉讼难、执行难的背景下，"老赖"们拖欠的钱款，以金银细软形式保存很难执行；而假使以房产形式保存，就比较容易执行，更好地维护债权人的合法权利。

在心仪的环境，有一处属于自己的天地，文人可以抛开尘世的烦恼，看庭前花开花落，望天边云卷云舒，沉下心来，创作文艺作品。这是笔者研究文人置业，文人营造家园，对其艺术创作影响究竟有多大的另一个重要原因。

陶渊明有田园所居，创立田园诗派；王维有辋川别业，形成"诗中有画，画中有诗"的艺术风格；杜甫在成都草堂居住4年，创作诗作240余首，不乏《春夜喜雨》、《蜀相》等名篇以及千古绝唱《茅屋为秋风所破歌》；李渔建筑芥子园之后，主要作品写成于芥子园内，刻印的《芥子园画谱》也在芥子园里完成，芥子园成就了李渔；龚贤居住半山园期间是他绘画创作的盛年，鸿篇巨制和精细入微的册页，大都完成于这一时期；没有秦淮水亭的置业，就没有《儒林外史》，就不会有吴敬梓的犀利笔法，没有中国讽喻小说的巨大成就……

自己的房屋，自己的天地，文人的家园是他们心灵的归宿，也是温馨的港湾，是艺术创作的画室，也是孕育激情的场地。文人没有自己的居所、自己的家园，就没有了安身立命的物质保障和精神平台。正因为如此，对文人置业经济的分析、研究，不仅探究置业经济的相关数据，还有着欣赏、鉴别建筑的审美意味，更有以史为镜的现实意义。

让今天的人们了解古人的置业，欣赏他们用毕生精力构筑的美园美宅，这也是一次亲近中国传统文化的过程，对今天的房地产文化开发，构建最佳人居环境，也会有所帮助。

黄　强

二〇〇七年九月二十五日初稿，石城现代艺术创意园

二〇〇八年五月四日定稿，南京劳谦室

目　录

导　言

　　"研究中国建筑可以说是逆时代的工作。近年来中国生活在剧烈的变化中趋向西化，社会对于中国固有的建筑及其附艺多加以普遍摧残。虽然对于新输入之西方工艺鉴别还没有标准，对于本国的旧工艺，已怀鄙弃厌恶心理。"这是一代建筑史宗师梁思成在《中国建筑史》[1]前言中的一句话，距今已经50余年，但是今日重读却依然感到震撼。

中华古建筑经历四次破坏

　　综观近代中国文化发展，中华古建筑、古文化遭到大规模的人为破坏有四次：第一次是太平天国时期兵燹之灾；第二次是新中国成立初期经济复苏，拆城墙，毁坏古建筑；第三次是文化大革命；第四次是当代的城市改造，大量硕果仅存的古建筑，包括民国建筑，遭受毁灭性破坏，其严重程度远远超过前三次。

　　笔者出生并生活在六朝古都历史文化名城南京，居住于城南，但是每每走在城市之中，看到的是一片片曾经辉煌、记录了文明历史的老房子被拆除的场景，满地是散落的瓦砾，凌乱的残垣，顿感到一阵郁闷，心堵得发慌。

　　南京是六朝古都，也是中华民国的首府，民国时期是近代中国建筑的辉煌时期，诞生了若干经典建筑，大的如南京的中山陵，小的如民国老公馆，如今南京虽然还保留着若干古代建筑物，有待修复、开发，显露出她的风采，展示她的魅力，但是损毁、拆除的步伐似乎远远超过保护。印象最深刻、最感到伤痛的是对明城墙中山门的改造。20世纪90年代，为了建造沪宁高速公路，进城连接线从中山门穿过，在中山门下凿了两个隧道，费用尽管节省了许多，却破坏了中山门的完整性。

开通沪宁公路以后的中山门（黄强摄）

中山门是沪宁高速进入南京的连接线，在城门的下部两侧开通了两个隧道，高速公路建设的费用降低了，中山门的完整性、古典美却遭到了破坏。

我们在很多民国时期的历史影像中，常常看到这样经典的镜头：民国政府要员到中山陵谒拜，车队从中山门经过，无论是在灰青色调的晨曦一抹之中，还是在暖黄色的暮霭笼罩之下，浓郁的民国情调充盈在我们眼眶，庄严、肃穆、宁静的氛围仿佛缭绕在我们身边……自高速公路通车后，昔日的中山门风采不再，再也没有了以中山门为背景、凝聚着民国情调的经典镜头了，有的只是抹不去的痛和无限的遗憾！

城南的明清时期老民居、颐和路一带民国时期的老公馆曾经是南京建筑的风向标，展示着不同时期、不同国度建筑的风格，西班牙式、英国式、美国式、德国式，就像世界建筑的博览会，其美、奇、古弥足珍贵。但是，近十年来颐和路、牯岭路一带的民国老公馆陆续被拆掉了许多，代之以一片片高耸的居民楼。人文的底蕴，古典的韵味，民国的风情荡然无存，"城南小巷觅诗意"的意境不复存在……

随着时代的发展，建筑形式和材质都随社会的进步而进步。我们不能要求进入 21 世纪还依然以天为庐，地为毡，居住在竹楼茅屋之中，也不奢望有占地辽阔的宅园、风光秀丽的别业。高楼大厦满足了如今人们快节奏的生活和居住需求。但是对于传统的建筑文化，包括建筑形式，尤其是极具审美和研究价值、见证历史的经典建筑，为什么就不能保留下来呢？发展新建筑，营造新的居住环境，与保留古建筑和建筑文化并不矛盾。住得美，居得雅，生活在诗情画意的建筑里，与社会倡导的人居环境是相容共生的。

南京汉中门古城墙背后崛起的现代高楼（黄强摄）

城市建设日新月异，在巍巍的古城墙背后，树立起一幢幢高楼，现代的建筑高楼与古老的城墙相映成趣，展示出古城新姿，传递着古都的历史文化底蕴。

梁思成先生说过："中国旧有建筑荒顿破坏之范围及速率，亦有基于正常的趋势。""中国金石书画素得士大夫之重视。各朝代对它们的爱护欣赏，不仅体现在于文章诗词之中，实为吾国文化精神悠久不断之原因。独是建筑，数千年来，完全在技工匠师之手，其艺术表现大多数是不自觉的师承及演变之结果。"[2] 大概是一种认识的偏见，建筑的文化、历史价值，在经济价值面前常常不堪一击，抵不上百万元的房价来得现实，更具诱惑力。在与经济的交锋中，文化几乎都是失败的。一方面倡导最佳居住环境，另一方面在拆除人类文化的建筑遗产，这样的矛盾常常共存在一种"拍脑袋"的规划中，不能不说是一个败笔。2011 年 7 月 13 日晚，北京建国门立交桥西北角的南牌坊胡同 18 号——聚兴永木厂旧址被拆除，一个完整记录了百年营造历史的珍贵建筑（文物）在野蛮的铁锤下消失了。近年来北京的城市发展很快，但是旧城、老建筑消失得更快。

南京也发生过多起类似新街口沈举人巷张治中公馆被拆除翻建的事情。由于岁月的侵蚀，张公馆已经颓败，该业主购下张公馆，不是为了保护民国的历史遗存，也不是为了重温历史的沧桑，他看重的是张公馆所在的商业繁华区的土地价值以及附着在土地上的房屋金钱价值。不破不立，旧的不去，新的不来，口号倒是堂而皇之，似乎有那么点与时俱进的精神，然而由于文物的不可再生性，文物折射的历史、文化的内涵，在机器的轰鸣声中也随之土崩瓦解了。中国文物协会理事华新民先生在博客中曾写道："满地的碎砖渣，这是永远再不能复活的历史。"

置业标志经济地位

先秦时期，"帝居"或"民舍"都称为"宫室"；从秦汉起，"宫室"才专指帝王居所，而"宅第"专指贵族的住宅。汉代规定，列侯公卿食禄万户以上，门当大道的住宅称"第"，食禄不满万户、出入里门的称"舍"。近代则将宫殿、官署以外的居住建筑统称为民居。[3]

东汉陶楼（黄强摄）

拉犁山二号墓出土，徐州博物馆藏。
东汉时已经有多层结构的楼房了，左图
陶楼算得上是富裕人家的住宅。

　　长期以来，中国古代社会是一个等级制度森严的封建社会，房屋的规模、规格同样体现出等级制度。明代在宅第等级制度方面就有严格的规定：一二品官厅堂五间九架，三品至九品官厅堂三间七架；庶民庐舍不逾三间五架，禁用斗栱、彩色。[4]因此，从房屋的构建，我们可以看出房屋主人的社会地位和经济实力。正因为如此，伴随着明中叶城市的兴起，市民阶层的出现，商人地位的提高，商贾在获取经济利益后，大量购置土地，兴建房屋，从宅第等级方面显示他们上升的社会地位。服饰体现出等级，住宅同样是等级的显示、身份的标示、财富的象征。

　　在中国古代社会，没有一个朝代的民众不是以置地购房来衡量财富的，中国社会与中国人对土地有太多的依赖，对房产有太深的眷念，无地不富、无房不富的思想牢固地存在于中国人的意识中。娶媳妇最看重的就是要有三间大瓦房。何谓地主？有地的主，有地岂能无房？有房有地，才能给人们以安全感、踏实感以及自信。

　　无论是位居高官的封疆大吏，还是贫寒的老百姓，或是才华横溢的文人，都离不开房屋，离不开居住的空间。没有居住的空间，就无法拥有安稳的生活，将落入"上无片瓦，下无立锥之地"的贫困户行列，又谈何发展？文人的创作，诗人的骚情，一篇篇精神文明的诗文，一件件文化文明的画作，难道没有安居的环境，文人骚客就能有激情吟诵出来，就可能蘸着豪情挥毫而就？安居才能乐业，乐业才有激情，才会文思喷涌，才会激情澎湃，才会诞生出不朽之作，为社会增添文化资财。

陶渊明"采菊东篱下"，为的是"而无车马喧"，每天推窗"悠然见南山"；王安石选择半山园，天天坐看钟山，要的是每天有个好心情；袁枚修筑随园，注重的是小仓山以及随园的文化底蕴；吴敬梓头枕秦淮清波，遥望钟山景色，在秦淮水亭里奋笔疾书《儒林外史》……这些说明中国古代文人早就有了置业注重人文底蕴，考虑人文与环境匹配的要求。赋予了人文内容的房屋（如今叫文化地产），就脱离了砖、瓦、地、木的单纯物质价值，具有了不可复制的文化内涵和人文价值。这样我们就能理解为什么古代文人、历史名人、知名人士的房屋会成为文物，物质文化遗产、旅游景点，成为后人瞻仰、膜拜的纪念地。

19世纪40年代安徽和县刘禹锡陋室遗址（摘自《老照片·民俗风光》）

刘禹锡《陋室铭》云：山不在高，有仙则名；水不在深，有龙则灵。斯是陋室，惟吾德馨。苔痕上阶绿，草色入帘青。谈笑有鸿儒，往来无白丁。可以调素琴，阅金经。无丝竹之乱耳，无案牍之劳形。南阳诸葛庐，西蜀子云亭。孔子云："何陋之有？"

　　围绕着土地、房屋，一方面有勤劳致富努力挣得一份产业的创业者；另一方面也有不能守业，田产逐渐萎缩，最后不得不卖房卖地，成为败家子的王孙公子哥们。有求得一方天地，以物质保障生活，以智慧点亮人生的作家、诗人、学者等，还有因房产惹出的官司、争斗、情感、故事，使置业经济充满着神秘色彩、金钱诱惑、利益冲突，折射出生活的多变化、经济的可逆转以及人生的不平静。

　　进入 20 世纪后期，暴发户们依然沿袭着古代商贾的遗风，广置地产，建造豪宅，以显示他们的富足。于是房地产成为发展最快的经济行业、暴利行业。大概因为"上无片瓦，下无立锥之地"是人们心头永远之痛的缘故，人们对房价的飞涨又爱又恨。置业购房成为人们追逐的对象，是人生最大的投资，最大的痛。房子成为情感、婚姻、事业的砝码，甚至是成功的标杆。现实社会流行着有豪宅就是成功的偏见，有房也因此成为年轻人择偶的标准。当《非诚勿扰》、《我们约会吧》等电视征婚节目大行其道，拜金女宁愿躲在宝马车中哭，也不愿坐在自行车后面笑，房屋、房产萦绕在中国人心头时，拥有豪宅，已成为很多人一生的梦想，一家人的奢望。甚至美国媒体都发出感慨，中国年轻的没有房子的男子，面临着打光棍的危机。

树立新的置业观、价值观

　　房屋的价值，我们不能否定；房屋在生活中的重要性，我们也不能回避。有房是否等同于成功，不是简单的等号可以解决的。爱美之心，人皆有之，爱屋之心，可以理解。"宁要浦西一张床，不要浦东一幢房"，曾经是上海人对房屋地理概念的认识，如今时代变了，对房屋的价值观也变了，确实不能用单纯的眼光来审视如今的房屋和置业经济了。

对置业经济史的把握，就是把古今文人的置业状况做一番梳理，看看他们是如何置业的，他们置业时更看重什么，置业对他们的生活、才干、创作有怎样的影响。这其实也是树立一种置业观和价值观。每一个文人的置地建房，做法上虽然有所差别，但是他们的住所无一例外都体现了他们心中美的情愫。例如陶渊明追求的是田园生活，因此，他的住所选择才会考虑田园生态环境；白居易思想中受佛教影响很大，庐山草堂的建立，就侧重对佛的亲近，便于礼佛参禅……近现代尤其是民国时期文人的置业，固然受到了西方文明的影响，但是所受到的中国文化影响是一脉相承的，与古代文人置业的传统文化方面来源同属一个根系。追根溯源，了解陶渊明、王维、杜甫等文人的置业，对于我们读懂近现代文人的置业帮助很大。

历史有惊人的相似之处，当我们过分看重经济利益，讲究享受，往往也是思想颓废、不求上进、无所事事的时期。物欲的享受，物质的诱惑，常常摧毁人们的进取心，"暖风熏得游人醉，直把杭州作汴州"，纸醉金迷的六朝金粉，十里秦淮，曾经吹来的是享乐、奢华的风气。温柔乡、享乐窝待久了，还有什么斗志？还能有什么进取心？

物质应当为社会的发展服务，最佳人居环境应当成为社会共同的财富，人类的文化遗产。当我们拿着祖宗留下来的自然环境、人文景观申报世界遗产时，我们有没有想过，我们留给后人的又是怎样的遗产呢？精神的？物质的？一个简单的故事颇能说明问题，某富家子祖上流传下来一件珍宝，此物世代相传，既是精神财富，也是物质财富，到了如今，受不了利益的诱惑，持宝人将世代流传的传家宝变换成房屋、私家车，过上了享乐的生活，几年后，他发现曾经属于自己的传家宝在拍卖会上价值增至数十倍，而变卖宝物所得的钱财已被他挥霍一空，自己的孩子染上重病无钱治疗，老婆弃他而走，家徒四壁，物质的享受和精神的寄托，全都没有了，留下的只有遗憾和悔恨。

1936 年梁思成与林徽因在北京故宫祈年殿修复工程中

对古建筑的保护，梁思成、林徽因夫妇功不可没。20 世纪 30 年代，他们在极其艰苦的条件下，遍访中国古建筑，一一记录在案，撰写了严谨的考察报告，没有他们的不懈努力，中国许多古建筑大概早就被毁灭了。

遗憾只能留给过去，不能留给我们自己，更不能留给我们的后人。拿什么留给我们的子孙后代？我们不能不扪心自问。

[注释]

[1] [2] 梁思成：《中国建筑史》，天津：百花文艺出版社，2004 年，第 1 页。

[3] [4] 王其明、尚廓：《民居》，见《中国大百科全书·建筑卷》，北京：中国大百科全书出版社，1988 年，第 327 页。

一　陶渊明田园生态置业

对于生态环境的研究，是现在比较热门的课题，注重生态环境，确实有其道理。环境影响居住生活，影响人们的情绪乃至人们的身体健康。良好的环境，可以使人们情绪开朗，有旺盛的工作激情和创作欲望，达到事半功倍的效果。这是经过科学研究证明的。

说到生态环境、生态住宅，自然要说中国古代的田园诗派，因为田园诗派讴歌的对象是大自然的田园风光。可以这么说，自然美景、生态环境造就了田园诗人与田园诗派。"结庐在人境，而无车马喧。问君何能尔？心远地自偏。采菊东篱下，悠然见南山。"读这些诗句，我们自然会想到"不为五斗米折腰"的东晋田园诗人陶渊明，想到他所居住的环境以及他所歌咏的生活状态。

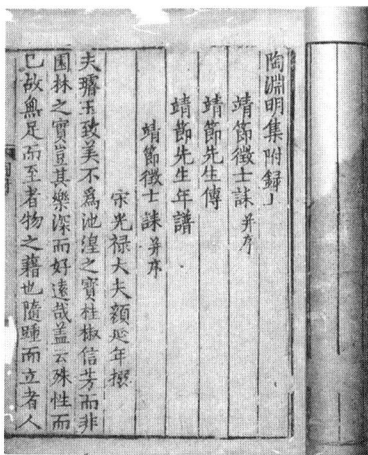

《陶渊明集》木刻版

这是《陶渊明集》非常珍贵的版本，陶渊明的诗文，尤其是诗歌对后世影响甚大。随着他的诗文被后世重视，陶渊明也逐渐声名显赫。人们为他修建了纪念祠、纪念馆，他的诗文被广泛刻印、出版，陶渊明留下的文化遗产已经成为中国人的骄傲。

陶渊明（365—427年），又名潜，字元亮，号五柳先生，私谥靖节。浔阳柴桑（今江西九江西南）人。年轻时一度出仕，做过江州祭酒、镇军参军、彭泽令等小官。41岁时，因不愿"为五斗米折腰"，挂印去职，隐居于庐山脚下，躬耕田园，饮酒赋诗，终老一生。陶渊明的诗文是中国文学史上的佳篇，他开创了中国田园诗歌学派，在他的人生经历之中，也贯穿着置业行为。

陶渊明辞官原因何在

欲探究陶渊明的置业行为，首先要从他挂印辞官、回归故里说起。

陶渊明原本也有一官半职，是一个让人仰慕的"公务员"，俸禄尚可，衣食无忧，有点余钱，购置屋舍、娶妻纳妾都不是问题，但是文人"宁向直中取，不向曲中求"的个性，让他不能忍受官场的做作，不愿与腐败分子同流合污。

陶渊明第一次出仕是在他29岁时，昭明太子萧统《陶渊明传》曰："亲老家贫，起为州祭酒。不堪官吏职，少日自解归。"也就是说，因为家贫，陶渊明出来做官了，可是他不能忍受官职之累，干了很短的时间，就辞掉世人羡慕的"公务员"美差，回家种地晒太阳。辞官后不久，州里又召他去做主簿（主管文书簿籍的官吏），陶渊明谢绝了，在家赋闲了六七年。晋安帝隆安四年（400年），陶渊明到恒玄手下做事。第二年（401年）冬天因母亲丧，又辞去官职，回到家乡。晋安帝元兴三年（404年）陶渊明再度出仕，做了刘裕的参军。后来又做了建威将军江州刺史刘敬宣的参军。同年秋天，陶渊明出任彭泽（今江西彭泽）令，这是他仕途生涯中最后一任官职。萧统在《陶渊明传》中说：

> 岁终，会郡遣督邮至。县吏请曰："应束带见之。"渊明叹曰："我岂能为五斗米折腰向乡里小儿！"即日解绶（指解官）去职，赋

《归去来》。

对于督邮这个官职，我们并不陌生，《三国演义》中张飞也醉打过督邮。督邮是汉代设置的一个督查的官职，位轻权重，凡传达教令、督察属吏、案验刑狱、检核非法等，无所不管。魏、晋起地位不如前代，以后设置渐少。督邮相当于如今的纪检干部，官职不大，但权力不小。掌管督察的官员贪污腐败，肆无忌惮。陶渊明不善于溜须拍马，也不是搞腐败的料，他不束带见督邮，不愿受官场约束，干脆解官去职，对于官场的腐败，陶渊明采取了不合作的态度。

从表面上看，陶渊明的辞官是不愿意屈身迎接、阿谀奉承上司，但大背景则是东晋时期政权更替频繁，社会黑暗，人民颠沛流离；就其个性来讲，陶渊明深受圣贤书的熏陶，读圣贤书，所学何事？按照孔老夫子的话讲，士子"笃信好学，守死善道。危邦不入，乱邦不居。天下有道则见，无道则隐"（《论语·泰伯》）。见即是出仕、参政。之所以要参政，是因为"人能弘道"。当天下无道或政治抱负难以伸展时，士大夫往往采取一种消极避世的不合作态度，回归田园世界，纵情山水之间，清风明月，溪间垂钓，一似闲云野鹤，无拘无束。[1]

知识分子辞官归隐，做闲散隐士，乃是不与社会同流合污的表现，这不仅仅是为官的态度，实则是处世原则的坚持。陶渊明在辞去彭泽县令时所咏《归去来辞》很能表明他的心迹。"彭泽去家百里，公田之利，足以为酒，故便求之。及少日，眷然有归欤之情。何则？质性自然，非矫厉（强制）所得。饥冻虽切，违自己交病。尝从人事（指为官之事），皆口腹自役；于是怅然慷慨，深愧平生之志。"

五代南唐、北宋僧巨然《陶渊明归隐图》

不为五斗米折腰，挂冠归隐，寄情山水，巨然的画作凸现了陶渊明的情趣、个性。"归去来兮"是不为五斗米折腰的诠释的实际行动。当精神的力量大于物质的诱惑时，为了追求精神、人格的独立，就会淡化物质的利益。中国人现在最大的问题不是物欲的不能满足，而是精神的空虚以及信仰的危机，只有具备了独立的人格，才能不献媚，彰显人格的魅力，陶渊明是个榜样。

陶渊明出仕 13 年的生活，曲折复杂，充满矛盾。为官的不快，摧眉折腰事权贵，与他"猛志逸四海"、大济苍生的理想强烈地碰撞。时而出仕，时而归隐，说明了他为了实现理想而不断尝试，不断失望，最终绝望的心路历程。回归田园，以退为进，寄情山水，以求得心情的舒畅，精神的快慰。

陶渊明的居所有三处

隐士归隐，退居山林，无论追求怎样的境界，想达到什么目的，仍然需要生活，隐士毕竟不是神仙，可以不食人间烟火。这就带来一个问题，隐士如何生活？吃什么？如何居？陶渊明挂冠归隐，并不是浪迹天涯，成为闲云野鹤，他选择了回归故里，在位于庐山的田庄，自耕自作、饮酒做诗、沐浴阳光，享受生活。

不为五斗米折腰而辞官，不受嗟来之食。在人们的思维定式中，陶渊明辞官后，失去了收入来源，家庭生活一定非常清贫，甚至可能处于"上无片瓦，下无立锥之地"的窘困地步。似乎陶渊明的抉择是要气节，而不要生活，是祈望不食人间烟火的理想主义者，思想上的巨人，生活中的矮子。其实非也。陶渊明并非贫穷、潦倒之士。陶渊明系出名门，曾祖父陶侃是东晋的开国元勋，官至大司马、都督八州军事、荆江二州刺史，封为长沙郡公，跻身于达官显贵行列。由于祖父做过太守，到陶渊明时，虽然家道中落，毕竟"瘦死的骆驼比马大"，家里仍然有房有田，也算是有房产的地主阶级。

逯钦立先生在其校注的《陶渊明集》里称，陶渊明故居有三处，其一便是园田居，在庐山南麓，也就是陶渊明归隐后的主要居所。朱自清先生说："渊明始居柴桑，嗣三经移居，上京、南村、浔阳是也。"[2]逯钦立先生说的陶渊明故居三处，当不包含陶渊明的祖居，依据朱自清先生的说法，那么陶渊明的故居是指其三次移居之后的住宅。

从陶渊明自己撰写的诗句中，我们也可以看到陶渊明家产的信息。他在《少无适俗韵》中称："开荒南野际，守拙归田园。方宅十余亩，草屋八九间。榆柳荫后檐，桃李罗堂前。暖暖远人村，依依墟里烟。狗吠深巷中，鸡鸣桑树颠。户庭无尘杂，虚室有余闲。久在樊笼里，复得返自然。"十余亩土地，八九间房屋，足以自耕自足，养活自己。在东晋时期，社会交往并不像唐宋时期活跃，没有出现发达的城市，人居生活仍然以自给自足的小农经济为主。十来亩田地可以自己种植，也可以租给农户，收取租金，这为陶渊明衣食无忧的生活提供了必要的物质保障。

陶渊明的经济能力

十余亩田地，八九间房屋，两三个仆人，闲时养花种地，喝酒吟诗，能够自给自足，不寄人篱下，这已经是不错的生活状态了。

后人过于夸大陶渊明的贫穷生活，依据是《归去来辞·序》中"余家贫，耕植不足以自给。幼稚盈室，瓶无储粟。生生所资，未见其术。亲故多劝余为长吏（县府中的丞、尉等小官），脱然有怀，求之靡途（无门路）"。似乎陶渊明一贫如洗。如果确实如此，试问陶渊明在家赋闲，如何解决一家老少的口腹之需？天天借债又如何符合陶渊明的性格？出仕 13 年间，陶渊明曾几度辞官归家，倘若家里真的仅靠他的官俸来生活，他就没理由辞官，放弃男人的责任。他赋闲在家若干年，辞官归隐，一则说明家庭经济不依靠官俸；二则陶渊明并非不愿为官，而是为了待价而沽，等待明君的出现。此所谓后世士子的"终南捷径"。

"种豆南山下，草盛豆苗稀。晨兴理荒秽，带月荷锄归。道狭草木长，夕露沾我衣。衣沾不足惜，但使愿无违。"陶渊明在《归园田居》所歌咏的不仅是他归隐后的生活写照，也是他的生活理想。他安于立身、生活的田园庄户，让他得到了个性的张扬、情绪的释放和人格的尊重。这一切，都是以陶渊明的十余亩田地、八九间房屋为物质基础的。物质是一切的基础，没有了基本生活的物质保障，如何能彰显自己独立的人格？

陶渊明的置业行为

在东晋动荡的时代，社会物质匮乏，生活消费的标准也很低，但陶渊明还不时有酒喝。如果他经济困窘，无衣无食，如何能整天陶醉在酒乡之中？必须有富余的粮食换酒或酿酒，或以钱购买，才能饮上酒。以陶渊明的个性，不受嗟来之食，他又如何会举债沽酒？或者长期借钱生活？廖仲安先生认为：陶渊明"出仕彭泽令的动机，是为归隐做物质的准备。说穿了，也是为了归隐以后能有酒喝，有饭吃"[3]。

从陶渊明为官情况分析，才高气傲，不屑与时俗同流合污，官职也比较小，官俸显然不会太高，以他的个性、人品，陶渊明也不会中饱私囊，贪污腐化。加上喜爱饮酒，每月的开销不少，低收入高消费，陶渊明又如何有余钱添置房产、土地？因此，笔者认为，陶氏家族的田地与房屋，主要是其祖上的遗产，但是因为只有消耗，没有积蓄，以至到了陶渊明手上时，只剩十来亩田地，八九间房屋。

用现在的眼光来审视陶渊明，他是位杰出的诗人，然而他确实不是一个理财能手。尽管祖上的田地房产所剩不多，然而，陶渊明辞官后，维持一家人的生活还是绰绰有余。陶渊明为官时，家里有佣人，用得起佣人，说明他家的经济生活高于一般社会家庭，他们必须有余钱能支付仆人的工钱，如果仆人是长工，还要有房屋供其居住。他辞彭泽令归来时有"僮仆欢迎，稚子候门。三径就荒，松菊犹存。携幼入室，有酒盈樽"。这样的农民，其实是个地主，至少是个生活安逸、收入稳定的富农或上中农。正如颜延之《陶徵士诔并序》中说的，陶渊明是个"爵同下士，禄同上农"的诗人，才可能有"白日掩荆扉，虚室绝尘想"的悠闲生活。我们从陶渊明的田园诗中，体验到的是他对田园生活的欣赏、劳动的愉快，而不是面朝黄土背朝天式的辛劳。因为他的生活原本就不是吃了上顿没下顿的贫寒生活。他的劳作，不全是为口腹之需，而是劳动与体验。

有物质保障，衣食无忧，才可能有富裕的时间、充沛的精力去寄情山水，激发想象，创作诗文。"结庐在人境，而无车马喧。问君何能尔？心远地自偏。"《桃花源记》则更是陶氏追求理想的登峰造极之作：

> 晋太原中，武陵人捕鱼为业，缘溪行，忘路之远近。忽逢桃花林，夹岸数百步，中无杂树，芳草鲜美，落英缤纷，渔人甚异之；复前行，欲穷其林。林尽水源，便得一山，山有良田美池桑竹之属，阡陌交通，鸡犬相闻。其中往来种作，男女衣着，悉如外人；黄发垂髫，并怡然自乐。

生活，房屋乐业，道路相通，鸡犬鸣吠，"相命肆农耕，日入从所憩。桑竹垂余荫，菽稷随时艺（种植）；春蚕收长丝，秋熟靡（无）王税。"（《桃花源诗》）没有生活的体验、感悟，哪有作文的挥洒？

陶渊明的房屋结构与居住环境

陶渊明辞官后先是居住在庐山脚下，因为背靠没有污染、生态环境极佳的大山，空气清新。陶渊明每天的生活就是养花种草，或者到田间耕作。劳作是必需的身体锻炼，种植花卉苗木乃是陶冶情操，劳逸结合，相得益彰。溪间垂钓，一似闲云野鹤，无拘无束。

陶渊明所属房屋的结构、形式，根据文献的记载推测，两所住宅是工字厅，另一所在堂后接圆形草庐。著名建筑史专家、中国工程院院士傅熹年先生 1987 年 2 月去美国考察，4 个月内考察了 10 个城市数十家博物馆，他在美国克利夫兰博物艺术馆看到的一轴《归去来图》长卷，描绘了陶渊明的形象及其居住的形状。他在《访美所见中国古代名画札记》中写道：《归去来图》画卷为绢本水墨淡设色图，描绘的内容是陶渊明《归去来辞》文意，穿插画入《归去来辞》中所描绘的种种场面，陶渊明的形象在长卷中出现了 10 次。在第 2 段 "携幼入室"、第 3 段 "悦亲戚之情话"、第 6 段 "农夫告余以春及" 中都画有屋宇，画卷描绘的三处房屋都是草顶或席顶的住宅。[4]

按照中国风水学的理论，陶渊明的家居 "枕山、环水、面屏"，是符合风水佳地的标准的。在中国古代农业立国的模式下，风水理论中强调的 "背山面水" 有一定的道理，一方面有山有水的丘陵地带，背山面水之处土地肥美，利于农业耕作，[5] 可以获得好的收成；另一方面房屋背靠山岭，可以阻拦风沙，有好的日照，临近水源，则给用水等生活带来便利。

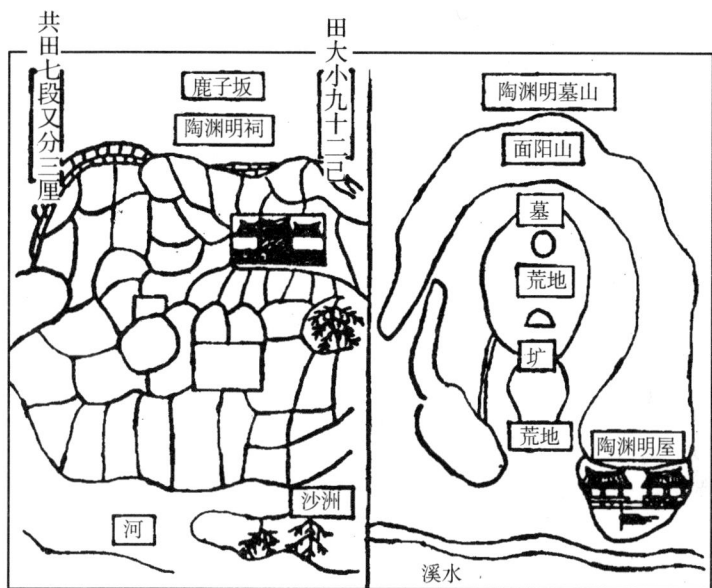

陶渊明房屋与墓地风水图

　　因为记载文字的简略，我们现在对陶渊明房屋复原非常困难，根据风水典籍的记载，大致可以看出陶渊明房屋的风水布局图。

　　山水美景和良好的生态环境，激发了诗人回归田园生活的热情。"结庐在人境，而无车马喧。"没有车马的喧嚣，没有官场的欺诈，沐浴着田园风光，心胸开阔，神清气爽。这都说明陶渊明的住所周边环境具备了生态田园的要素，有充足的氧气、养眼的绿色，因此，陶渊明每天推窗看到的是"南山悠然"，才会有"心远地自偏"的感受。"郁郁荒山里，猿声闲且哀。悲风爱静夜，林鸟喜晨开。""时复废墟曲中，披草共来往。相见无杂言，但道桑麻长。"即使是农作，在诗人的眼中和笔下也是贴近自然的一种体验与快乐。"晨兴理荒秽，带月荷锄归。""山中饶霜露，风气亦先寒。田家岂不苦，弗获辞此难。"

唐伯虎《东篱赏菊图》

"采菊东篱下，悠然见南山"是陶渊明诗歌中最著名的诗句，代表着陶渊明陶醉于田园生活，寄情山水的人格倾向和理想追求。历代画家以此为题，作过多幅画作，对陶氏生活方式予以充分肯定。赏菊是引子，因物及人，菊花不畏秋寒，象征着一种高洁的士人精神。

陶渊明辞官归隐，做闲散隐士，乃是不与社会同流合污的表现，不仅仅是为官的态度，更是处世的原则。他在庐山家居，远离官场，耕作闲居的体验，实现了他回归田园、亲近自然的愿望。因为可以"采菊东篱下，悠然见南山"，所以才会有"久在樊笼里，复得返自然"、"羁鸟恋旧林，池鱼思故渊"的感悟，以及居住在生态家园里的无限欣慰。

私家财产保证后事无忧

陶渊明归隐后的第三年，即公元408年，"方宅十余亩，草屋八九间"的住宅被火烧毁。这把火给他的生活带来很大影响，房子没了，幸而陶家还有一条船，一家人寄住在船上度过了初秋。同年，陶渊明将家搬迁至南村。[6] 南村在浔阳城外不远的地方，是逯钦立先生所说的陶渊明三处住所的另一处。此处屋舍在陶家未遇火灾前已购置，却不是陶渊明的理想住所。"昔欲居南村，非为卜其宅。……怀此颇有年，今日从兹役（指移居事）。"（《移居》）

因为火灾，草屋被毁，陶渊明才移居南村，继续他的耕植生活。虽然房屋被毁，陶渊明私家财产——田地还在，还有安身立命的地方。

公元427年，陶渊明走完了他最后的生命历程，他被安葬在南山脚下的陶家墓地中，就在今天江西省九江县和星子县交界处的面阳山脚下。到了生命的尽头，陶家还有安葬的一亩二分地，说明陶渊明家族的经济还没有到山穷水尽的地步。陶渊明祖上或他生前的置业又一次化解了"身后事"的后顾之忧。

江西九江马回岭陶渊明墓

陶渊明死时生活穷困潦倒，被安葬在他魂牵梦萦的南山脚下的陶家墓地，其墓制也很简陋。现在看到的墓地经过历代的修缮，已不是当初的模样。

赢得生前身后名

生前身后事，留待他人说。中国古代文人很讲究气节，要用自己的精神影响社会，激励后人，"赢得生前身后名"，陶渊明私谥靖节，表明了社会对他的肯定，陶渊明生前固守穷庐，追求恬淡闲适，甚至一度穷困潦倒，死后却赢得了后人极高的赞誉。

江西九江沙河街陶渊明祠

陶渊明祠给了后人一个缅怀的场所，而陶渊明活在每一个热爱陶渊明，喜爱他的作品的读者心中。这个精神的丰碑是永久的。

陶渊明置业的旧居——距浔阳几十里的柴桑，成为后人缅怀他的纪念场所。唐宪宗元和十一年（816年），诗人白居易在往庐山的旅途中，怀着崇敬的心情，拜谒了陶渊明的故居，心中波澜起伏，写下了感情真挚、余味无穷的长诗《访陶公旧宅》，诗云：

我生君之后，相去五百年；每读《五柳传》，目想心拳拳。
昔尝咏遗风，森苦君在前。不慕尊有酒，不慕琴无弦。
慕君遗荣利，老死此丘园。柴桑古村落，栗里旧山川。
不见篱下菊，但余墟中烟。子孙虽无闻，族氏犹未迁。

　　每逢陶姓人，使我心依然。

　　诗文表述了他对陶渊明的敬仰之情。陶靖节不为五斗米折腰的精神，给当时被贬江州、心情郁结的白居易极大的安慰。陶渊明陶醉于田园风光，修身养性，这也影响了这位大唐王朝的大诗人。白居易也喜爱花木，喜爱旅游，沉醉于田园风光，在置业中也倾向于有绿色植物环绕的宅院。

[注释]

[1] 马敏：《官商之间——社会剧变着的近代绅商》，天津：天津人民出版社，1995 年，第 18 页。

[2] 杜景华：《陶渊明传》，天津：百花文艺出版社，2005 年，第 47 页。

[3] 廖仲安：《陶渊明》，上海：上海古籍出版社，1981 年，第 22 页。

[4] 傅熹年：《访美所见中国古代名画札记》，载傅熹年：《傅熹年书画鉴定集》，郑州：河南美术出版社，1999 年，第 94 页。

[5] 何晓昕：《风水探源》，南京：东南大学出版社，1990 年，第 13 页。

[6] 杜景华在《陶渊明传》第 160 页中认为陶渊明移居南村是在住宅失火后的两年，即东晋安帝义熙七年（411 年）。笔者认为陶宅是 408 年六月失火，由于房屋烧得片瓦不留，无奈之下，陶渊明一家才在一条船上度过了秋天，而后，同年底移居南村。尽管陶氏对物质生活无太多眷念，但是一家数口需要有地方居住是必须解决的问题，陶渊明虽然富于文人理想情怀，也不能不重点考虑尽快在南村居住下来。

二　王维辋川别业置业

陶渊明的置业侧重生态环境，他的诗歌创作也围绕田园景色，抒发野居的闲适情调，开创了中国的田园诗派。由此可见，文人的置业观念与其审美倾向和生活态度是密切相关的，文人的文学灵感会紧扣其生活经历和思想。用这样的标准来衡量盛唐诗人、文人画开宗者王维，我们发现其置业购房行为也印证了这一点。

"画中有诗，诗中有画"是历代诗文画理想的最高境界。在评价王维的诗歌与画作时，苏轼说："味摩诘之诗，诗中有画；观摩诘之画，画中有诗。"[1]王维的诗与画确实很有特色，有很高的成就，他的诗歌中最能代表他创作特色的就是描绘山水等自然风景及歌咏隐居生活的诗篇，他的绘画更是开中国文人画之风气。

王维诗画俱佳，写景抒情，情景交融，与他长期隐居在空旷寂静的深山别业，赏风景，听松涛，闻鸟鸣，看花开花落是密不可分的。蓝田辋川别业乃是王维置业的房屋、别墅，也是他修身养性、陶冶情操的居住空间。

仕途显赫却眷恋隐居生活

王维的一生可以划为两个阶段，前半生宦海追逐名利，沉浮官场，得意失意并存，最后官运亨通，做到高官。后半生放弃功名利禄，寄情山水，独享人生的安宁、静穆，快乐无比。

王维（701—761年），唐代著名的诗人、画家。字摩诘。祖籍山西祁县，其父迁家蒲州（今山西永济），遂为蒲人。他官终尚书右丞，世称"王右丞"。

开元九年（721年），王维中进士第，为大乐丞。因故谪济州司仓参军。开元二十五年（737年），曾奉使赴河西节度副大使崔希逸幕，后又以殿中侍御史知南选。天宝中，王维的官职逐渐升迁。王维的仕途一直是比较顺利的，虽有小波折，均无大碍。王维尽管对官场纷争也感到厌倦和担心，但是为官的优厚俸禄、下属的奉承却又让他恋栈怀禄，不能决然离去。他曾说"既寡遂性欢，恐招负时累"（《赠从弟司库员外绿》）。尤其是开元二十四年（736年）张九龄罢相事件对他的打击很大。开元二十二年（734年），张九龄为中书令，王维擢升为右拾遗，他对张九龄反对结党营私和滥施爵赏的政治主张极为欣赏。对于张九龄的被贬，王维感到沮丧，在《寄荆州张丞相》中说："方将与农圃，艺植老丘园"，逐渐有了归隐之意。

王维的一生受佛教的影响深刻，他信奉佛教，是虔诚的居士，青年时曾居住在山林，对山水园林有很深的感情，在仕途生涯中，也是随俗浮沉，长期过着半官半隐的生活。中年以后一度在终南山安家，后又得到宋之问位于蓝田的辋川别业，遂与好友裴迪悠游其中，赋诗相酬为乐。[2]安史之乱时，王维因为未能及时离开长安，被叛军所获，被迫做了伪职，后来受到牵连，最终辞官回到辋川终老，徜徉于辋川别业中山林之间，吟诗作画，自得其乐。但是这样纵情山水的惬意生活也只有两年时光，61岁时，王维就驾鹤西去，魂归道山。

蓝田置业辋川别业

蓝田系陕西境内的一个县城，在唐时经济比较落后。因为经济落后，原生态的景物比较丰富。唐初诗人宋之问在蓝田县西南20里的辋川建有别业。《雍录》载："辋川王维别墅，本宋之问之别圃。"所谓别业，与"旧业"或

"宅第"相对而言，业主往往原有一处住宅，而后另营别墅，称为别业。别业和宅园的区别在于：前者位于郊区，是以家宅为主体的园林；后者位于城市，是在家宅用地中划出一部分用地专门布置成园林，供游憩之用，同家宅隔开。[3]用现代的话来解释，别业就是住宅以外的第二处住宅，用于休闲、游玩的别墅。

辋川别业的地理环境，《雍大记》交代得很清楚："商岭水流至蓝桥，复流至辋谷，如车辋环凑落叠，嶂入深潭（是辋川得名的由来），有千谷洞、细水洞、茶园、栗岭，唐右丞王维庄在焉。"

《蓝田县志》对王维别业有详细的描述："辋川即峣山之口，去县八里，两山夹对峙，川水由此北流入灞。其路则随山麓凿石为之，许五里许，甚险狭，即所谓匾路也。过此则豁然开朗，此第一区也。团转而南，凡十三区，其胜渐加，计三十里，至鹿苑寺，即王维别墅。"别业距离县城8里，有两山对峙，再走5里，就到了辋川别业，别业里有13个景区，方圆30里。县城到辋川别业大门是15里，而辋川别业景区的范围就有方圆30里，王维辋川的占地规模真是宏大。有的县城整个城区占地也没这么大，辋川别业算得上是大景区了。

《辋川全景图》

辋川是王维修建的别业，此图展示的辋川全景长卷，华子岗、文杏馆、鹿柴、临湖亭、竹里馆等景点都标注在长卷上。

辋川别业的经济交易

从置业的经济角度讲，王维从宋之问手中购买辋川别业，花费多少？当年宋之问开辟辋川别业又花费几何？这些都是大家渴望了解的问题。然而文献中没有留下金钱交易的记录，我们无法了解。但是，辋川别业原本属于宋之问是确定无疑的，在宋之问手上，辋川别业尚没有形成规模。所谓规模是指景点的设置、设施的建设等与别业配套的建筑物、功能区、景区的形成，辋川别业也没有名气，鲜有人关注，只有在王维居住之后，随着王维大量诗歌的出现以及友人的造访、和诗，辋川别业渐渐有了名气，以至被后人公认为中国建筑史、园林史上最著名的别业。

因此，笔者大胆推测，宋之问只是盘下了辋川别业的土地，圈划了占地规模，而没有投入别业的营造，或许是宋之问财力不够，不足以支撑如此大规模的建设，或许是他的造园经验等不足，无力营造这样的别业。总而言之，宋之问时期的辋川别业没有景点，没有形成规模，别业内的景色只是纯自然的状况，尚未进行人为改造。在这样的情况下，若干年后，当王维找寻一处可以纵情山水、颐养天年的别业时，辋川别业就进入了他的视线。

不过依据宋之问的生卒年分析，辋川别业不大可能是王维从宋之问手上直接购买的，因为宋之问生于大约 650 年或 656 年，卒于 712 至 713 年间，王维卒于 761 年，两人相差 50 岁。宋之问去世时，王维才十几岁。宋之问的诗写得不错，与沈佺期齐名，时称"沈宋"，但是人品一般，曾谄事武则天的宠臣张易之兄弟，又谄事太平公主，是个见风使舵的墙头草式人物。后因知贡举时受贿，贬越州刺史。唐睿宗即位后，流放钦州，赐死。估计宋之问赐死后，辋川别业被充公或低价贱卖，转入他人之手。因为无人打理，别业荒芜，转手价格之低可以想象。

王维购买辋川别业的钱从何处来？笔者以为主要来源于积蓄。王维为官多年，官俸收入可观，又信奉佛教，以居士自居，平时以素食为主。王维不饮酒，生活俭朴。唐代经济发达，物价不高，瓜果蔬菜更是廉价。王维不花天酒地狎歌伎，服饰上又趋于简朴，日常生活支出就非常有限。在这样的情况下，有一笔丰厚的积蓄在情理之中。此外，王维的兄弟也在朝为官，弟弟王缙的官职比他还高。王维在安史之乱因出任伪职，两京收复后，受伪职者分等定罪，因其弟王缙官位高，请削官为兄赎罪，得到唐肃宗恩准，王维仅降职为太子中允，后复累迁至给事中，终于尚书右丞。[4]因此，不排除其兄弟给予王维购买辋川别业的经济支持的可能性。

辋川别业的规模与景点设置

王维《辋川集》开篇序首句就是："余别业在辋川山谷"，对辋川别业情有独钟，一往情深。诗集结集名为《辋川集》，也足见王维对辋川别业的挚爱。根据《辋川集》中各景区的题名以及王维与友人裴迪各赋诗篇的记录，著名园林史专家、中国工程院院士汪菊渊先生倾数十年时间，对辋川别业的景点设置进行了考究、分析，[5]辋川别业大致如下图所示：

《辋川图》

《三才图会》地理卷八云："辋川别业在西安府蓝田县西南辋川谷，唐王维置别业于此。其游址有孟城坳、华子岗、茱萸沜、辛夷坞、木兰柴等二十景，与裴迪闲暇各赋以诗云。"

从山口进入辋川别业，首先是孟城坳，那里原本有一座古城，"结庐古城下，时登古城上"（裴迪句），王维的新家就在城口，"新家孟城口"是也，这个新家名为辋口庄。孟城坳背后的山冈名为华子岗，非常高峻，树木葱郁，大量的鸟儿栖息在此处，鸟鸣山更幽，因此"飞鸟去不穷，连山复秋色"。（王维句）因为"落日松风起，……山翠拂人衣"，加上当时还有一处古城浮现在此地，可以登高望远，对城怀古，景色幽静，松树常青，正是隐居的好地方，王维将住所安置在此处可谓恰到好处。

从山冈下来，有一片湖水，此乃进入"南岭与北湖，前看复回顾"（裴迪句）境地，此处盖有山野茅庐式的建筑——文杏馆，文杏馆以文杏木为屋梁，以香草为屋顶，"文杏裁为梁，香茅结为宇"（王维句）。文杏馆后是斤竹岭，据说因山上生长大竹而得名。山路沿山涧而建筑，两旁篁竹幽深、高大、挺拔。由这条山路通向木兰柴景区（因多木兰树而得名）。穿越景区之后，进入一个建有建筑物的谷地——宫槐陌，王维"仄径荫宫槐，幽阴多绿苔"诗句，说的就是这处景点。上行翻越山岭则进入了鹿柴。"空山不见人，但闻人语声。返景入深林，复照青苔上。"王维诗《鹿柴》说的就是这个鹿柴。在山冈下一处景点，名为北垞（小土山），盖有房屋，一面临湖，所谓"南山北垞下，结宇临欹湖"（裴迪句）。从这里到南垞、竹里馆等处，有湖水相隔，必须假以舟楫，当然，湖中有轻舟可以使用，只要操其船桨，划水前行，就能渡过湖水阻隔，到达彼岸，正是所谓"轻舟南垞去，北垞淼难即，隔蒲望人家，遥遥不相识"（王维句）。

辋川今日之欹湖

　　在王维的笔下，欹湖是很有灵性的，沿湖种植了成行的柳树，清风拂柳，柳枝摇曳，景色优美。欹湖文化底蕴深厚，是一笔宝贵的文化遗产。

　　水上荡舟，不仅仅是帮助渡水，还是欣赏风景的佳绝处，岸上看风景，只是静态，缺乏情致，水上划桨而行，一是体验，二是移步换景，"湖上一回首，青山卷白云"，水天一色，风雨无边，船在湖上走，人在水中游。临湖有亭，名曰临湖亭，坐亭中静静眺望，清风徐来，无限畅快，把酒临风，其喜洋洋者矣，"轻舸迎上客，悠悠湖上来。当轩对樽酒，四面芙蓉开"。（王维句）沿湖种植了成行的柳树，柳浪之下有一段水流，称为栾家濑。这里水流湍急，生活着白鹭、凫鸥等水禽，水禽在激流中觅食、嬉戏，"飒飒秋雨中，浅浅石溜泻。跳波自相溅，白鹭惊复下"（王维句），真是一幅人与自然和谐共荣的画卷。

　　离水南行复入山，山上有金屑泉，山下的谷地就是南垞。从南垞沿溪下行入湖口处，有白石滩，水浅速疾，将河床上的石块冲刷得雪白，"清浅白石滩，绿蒲向堪把"。（王维句）沿山溪上行，抵达竹里馆，得以"独坐幽篁里，弹琴复长啸。深林人不知，明月来相照"。（王维句）王维与友人经常在竹里馆里弹琴、长啸，坐看风景，体验幽静。此外尚有辛夷坞、漆园、椒园等景点。

歌咏辋川别业的诗作佳篇

王维归隐辋川别业后，以自然风光为歌咏对象，写有大量佳作，歌咏辋川别业的佳篇中以《积雨辋川庄作》和《辋川闲居赠裴秀才迪》两首最著名。

《积雨辋川庄作》诗云：

积雨空林烟火迟，蒸藜炊黍饷东菑。（饷，送饭。菑，已经开垦
一年的田地，这里泛指田地）

漠漠水田飞白鹭，阴阴夏木啭黄鹂。

山中习静观朝槿，松下轻斋折露葵。

野老与人争席罢，海鸥何事更相疑。 （争席，出典《庄子寓
言》）

《旧唐书·王维传》说："（王）维兄弟俱奉佛，居常蔬食，不茹荤血，晚年长斋，不衣文彩。"这首诗正是王维晚年隐居生活的写照。诗人抓住雨季的辋川别业农家烧火送饭这样的生活细节，描绘了一种舒缓安宁的生活环境，洋溢着浓浓的田家怡然自乐的风味。"漠漠水田飞白鹭，阴阴夏木啭黄鹂"是唐诗中的名句，"漠漠水田"呈现平面的开阔感，色调明亮；"阴阴夏木"表现出立体的幽深感，色调暗淡；"飞白鹭"是动感画面，"啭黄鹂"是静态声音，动与静结合，禽鸟白与黄交替，对比中显示出色彩的和谐之美。夏日积

雨的空灵，迷蒙深远的意境，在鸟禽的声音鸣叫和翅羽飞动之中，烘托出来。"静观"、"轻斋"强调的是淡泊名利，寄情山水的生活情态。

《辋川闲居赠裴秀才迪》诗云：

> 寒山转苍翠，秋水日潺湲。倚仗柴门外，临风听暮蝉。
>
> 渡头余落日，墟里上孤烟。复值接舆醉，狂歌五柳前。

一片山，一道水，一轮斜阳，一缕孤烟，都是平常的景物，但是在王维的笔下却设置得错落有致。所写景物，"渡头余落日，墟里上孤烟"一联，是千古传诵的名句，一般认为此联脱胎于陶渊明《归田园居》中的"暧暧远人村，依依墟里烟"。此联突出了动感，把夕阳漂浮在水面上将沉未沉、炊烟升腾直上半空的精彩瞬间定格下来。隐士倚仗靠在柴门边，倾听夕阳西下知了的鸣叫，正应了"鸟鸣山更幽"的寂静。"临风"则表现了隐士飘逸的神情，意态自如，所谓"有容乃大，无欲则刚"，因为无欲与世俗纷争，才能欣赏田园的美景，感悟生活的真谛。这无疑是一幅绝美的画面，而且达到了"诗中有画，画中有诗"的意境。

辋川别业的历史地位

辋川别业在中国建筑史、园林史上有着极为重要的地位。汪菊渊先生认为，从南朝到唐朝的别墅、别业、别庐、山庄等庄园，往往有漂亮的住宅或庄园，由亭台楼阁、清泉怪石、嘉木芳草构成，[6]"不烦人事之工，自成天然之趣"，可称作自然园林式别业，而王维创造、营建的辋川别业就是自然园林式别业中的典范之作。[7]

如果要给中国园林史上的别业排名次，辋川别业可以坐上第一把交椅，不是因为占地规模的宏大，而是贯穿在别业中的自然风物，符合妙趣天成的特点。辋川别业景区的层次划分清晰，各有中心，各有特点，欹湖的轻舟、竹里馆的篁竹、鹿柴的空山……都折射出人文的内涵，诗情、画意蕴涵其中，人在景中走，仿佛画中游，画里寻诗情，诗意画里有。

王维置业，以别业景点的塑造、营造，体现了他诗歌创作中的画境，文人画作的艺境。文人情趣、文人雅致，不仅对于中国文人绘画有极大的影响，促使创立了文人画派，而且对中国园林发展以及文人置业追求意境的审美倾向的形成也有很大的影响。到了盛唐时期，以现实主义为题材，以诗歌表现唐代壮阔历史画卷的"诗圣"杜甫，在其置地盖房过程中，尽管现实的因素占据了上风，然而在对房屋周围的环境建设和景点的设置中，仍然脱不了王维辋川别业对"诗情、画意、美境"的追求。接下来，我们来看看杜甫成都草堂置业，就知道笔者所说并非虚言。

戴敦邦作竹里馆诗意画

"独坐幽篁里，弹琴复长啸。深林人不知，明月来相照。"后世的画家依据王维的《竹里馆》一诗的诗意绘出了许多画作，比较著名的有戴敦邦、华三川的诗意画。

[注释]

[1]《东坡题跋·书摩诘蓝田烟雨图》。

[2] [4] 王运熙、杨明：《王维》，载：《中国大百科全书·中国文学Ⅱ》（第二版），北京：中国大百科全书出版社，1988年，第906页。

［3］朱有玠：《别业》，载：《中国大百科全书·建筑、园林、城市规划》（第二版），北京：中国大百科全书出版社，1988 年，第 25 页。

［5］汪菊渊先生结合王维、裴迪的诗歌，对辋川别业的景点设置进行了细致的分析，本节文字以汪菊渊先生的分析为依据。详见汪菊渊：《中国古代园林史》上卷，北京：中国建筑工业出版社，2006 年，第 152—154 页。

［6］汪菊渊：《中国古代园林史》上卷，北京：中国建筑工业出版社，2006 年，第 151 页。

［7］汪菊渊：《中国古代园林史》上卷，北京：中国建筑工业出版社，2006 年，第 5 页。

三　杜甫成都草堂置业

唐代诗歌是中国文学史上一个无法逾越的高峰，初唐过渡到盛唐的王维、孟浩然，盛唐的李白、杜甫，中唐的白居易，晚唐的李商隐、杜牧等，群星闪耀，交相辉映。

在唐代文人置业中，本书选择了唐代三位代表诗人，初唐至盛唐的王维、盛唐的杜甫和中唐的白居易，算是三个时期、三种类型，也对唐代文人置业作了概括。

当今社会，房地产热翻了天，房地产收入占据了地方财政的30%，成为支柱性产业。房产、地产的火暴，也使得"广厦"一词成为房地产的宣传口号，有以"广厦"为企业名的，也有以"广厦"为楼盘名的，还有学者以"广厦"来做书名的。"广厦"出典于唐代大诗人杜甫名篇《茅屋为秋风所破歌》中的"安得广厦千万间，大庇天下寒士俱欢颜"。一向忧国忧民，长期生活在颠沛流离之中的杜甫，没有想到他的诗作在一千两百多年之后，成了房地产业的广告词。只是他的大庇天下寒士的愿望，在房价直线攀升的碰撞下，被击得粉碎。广厦千万间，安得庇寒士？

蜀中八年成都置业

杜甫（712—770 年），字子美，祖籍襄阳（今属湖北），生于河南巩县。由于他在长安时一度住在城南少陵附近，自称少陵野老，在成都时被推荐为节度参谋、检校工部员外郎，后世又称他为杜少陵、杜工部。

河南巩县杜甫出生地

杜甫祖籍襄阳（今属湖北），出生于河南巩县一官宦之家，其祖父为唐代大臣杜审言，也是著名的诗人。杜诗沉郁顿挫，内容深沉蕴蓄，感情抑扬曲折，语气音节跌宕摇曳。杜甫生前并不得意，也不风光，颠沛流离，穷困潦倒。即使他在世时，他的诗歌也不为时人重视，逝世40年以后，始为韩愈、白居易、元稹等人所重视。杜甫之诗是中国诗歌史上的巅峰之作，与李白之诗成为唐诗中的双璧（双子星座），闪耀千古。

杜甫系出名门，生长在"奉儒守官"并有文学传统的家庭中，祖父杜审言是当时著名的诗人，父亲杜闲做过兖州司马、奉天县令。以这样的家庭背景，如果善于投机，杜甫也能混上个"官二代"，以官的身份再聚敛钱财，也能成为权贵富贾，但是杜甫没有继承做官的细胞，也不具备为商的能力，他只是个穷困潦倒、忧国忧民的诗人。

杜甫的一生从20岁起根据经历分为四个时期：玄宗开元十九年至天宝四年的漫游时期（731—745年）、天宝五年至天宝十四年的长安时期（746—755年）、唐肃宗至德元年至乾元二年的任职左拾遗与流亡时期（756—759年）、肃宗上元元年至代宗大历五年的漂泊西南时期（760—770年）。

在长安居住的10年，杜甫的目的是求得一官半职，有所建树，结果事与愿违，几次征召都没有被录取。杜甫"尝困于衣食"，无奈为了生计，杜甫不得不出入贵族府邸，充当宾客，陪伴他们诗酒宦游，从中取得少许资助。[1]因为没有官职，杜甫手头比较拮据，居无定所，收入不稳定，生活尚且勉强，哪里有余钱添置房屋？购房安居乐业，对杜甫来说是一种奢望。

唐肃宗乾元二年（759 年）岁末，杜甫来到成都，住在西郊外浣花溪寺里。在寺里没有住多久，他就寻思自己盖一间草房，希望有一个栖身的处所。唐肃宗上元元年（760 年）春，杜甫在城西七里浣花溪畔找到一块荒地，开始建筑草堂，[2] 先是开辟了一亩大的地方，在一株大树下建了一间茅屋，有了之后成都草堂的雏形。

杜甫在成都置业的状况

尽管是几间茅草房，对于生活贫困的杜甫来说，亦并非易事。当时无人居住的地方自建房屋，使用土地并不要办理现在的土地证。只要肯拓荒，肯花力气，平整土地就可以了。但是有土地并不就等于有房子，盖房子的木材、砖瓦还是需要购置，即使是茅草房，同样需要茅草等建筑材料。当时杜甫虽然是严武的幕僚，微薄的官俸难以维持生计，平时还要靠他人救济，才能揭开家里的锅。"故人供禄米，邻舍与园蔬。"（《酬高使君相赠》）连蔬菜都是邻居给的，生活穷困到如此地步，杜甫哪有积蓄用来盖房？好在杜甫有众多的朋友热情襄助，高适、严武都是在朝中做官的朋友，杜甫之所以能够盖草堂实现梦想，完全是朋友相助的结果。

唐肃宗上元元年（760 年）春，杜甫修建草堂时，他表弟王十五出成都城看望他，送来盖房资金，"忧我营茅栋，携钱过野桥"。（《王十五司马弟出郭相访遗营草堂赀》）此外，严武等也支持杜甫盖房资金。

杜甫一方面筹集资金，营建草堂，一方面写诗向各处朋友觅求树苗。他向萧实请求春天前把 100 根桃树苗送到浣花村，"奉乞桃栽一百根，春前为送浣花村"。（《肖八明府实处觅桃栽》）绵竹产于汉州绵竹县的紫岩山，杜甫向曾做过绵竹令的韦续索取绵竹县的绵竹，"华轩蔼蔼他年到，绵竹亭亭出县高。江上舍前无此物，幸分苍翠拂波涛"。(《从韦二明府续处觅绵竹》)向何邕要蜀中的桤树苗，他还走过石笋街，到果园坊向园主徐卿索求果木苗，"草堂少花今欲栽，不问绿李与黄梅"。(《诣徐卿觅果栽》)他还向韦班要松树苗，"落落出群非榉柳，青青不朽岂杨梅。欲存老盖千年意，为觅霜根数寸栽"。(《凭韦少府班觅松树子栽》)

经过两三个月的经营，暮春时节草堂落成。"背郭堂成荫白茅，缘将路熟俯青郊。桤林碍日吟风叶，笼竹和烟滴露梢。"(《堂成》)根据杜甫诗作的描述，我们可以知道草堂背向成都城，位置在百花潭北面，万里桥及浣花溪西面，临近锦江，西北可以望见山巅终年积雪的西岭(即"窗含西岭千秋雪"中说的西岭)。我们从"万里桥西宅，百花潭北庄"，"万里桥西一草堂，百花潭水即沧浪"(《狂夫》)，"结庐锦水边"等诗句中也可以得知当时杜甫草堂的概况。

草堂在成都的郊区，人烟稀少，附近只住着八九户人家，生活虽有不便，却符合杜甫不循时俗、不媚权贵的心境。为了营生，杜甫还在草堂前开辟了一片药圃。杜甫每天耕耘田地，种树栽药，忙得不亦乐乎。依靠杜甫的劳作，草堂得以向四周扩展，茅屋旁有向外眺望的水栏，堂前栽种四棵心爱的小松，堂内设置了乌皮几。两年的工夫，在清澈的溪边建筑起错落有致的亭台，虽然简朴，却已初具规模。这让杜甫感到欣慰，颠沛若干年，终于在成都有了一所属于自己的房屋，一处生活的空间，一家人可以欢聚一堂，虽然生活艰苦，但是没有了颠沛流离的担惊受怕，倒也其乐融融。

成都杜甫草堂

草堂时期是杜甫生活最为安定、惬意的时期。农耕劳作，让杜甫感受到家的温馨。这样美好的生活仅仅维持了几年，就终止了。

成都草堂的面积开始并不大，只有一亩地。杜甫在《寄题江外草堂》诗中说得很清楚："诛茅初一亩，广地方连延。"随着草堂营建的完善，草堂占地面积不断扩大，种植桃树后，草堂由一亩增至五亩；桃林建成后，又营建了竹林、桤林，杜甫在《凭何邕觅桤林栽》诗中说："饱闻桤木三年大，与致溪边十亩阴。"也就是水桤木林的占地是十亩之大。那么竹林又占地多大？一顷。《杜鹃》诗中说得明白无误："我昔游锦城，结庐锦水边。有竹一顷余，乔木上参天。"

草堂面积的扩大，主要是树林的扩大，并非草堂建筑本身的扩大。植树栽花，营造居住房屋周边的良好环境、优美空间，其实也是维护社会环境的一种责任的体现。

041

草堂待客与草堂环境

位于郊区的草堂，远离城市，地处偏僻，交通不便，只有偶尔一些落魄的文人和田夫野老造访，杜甫也不免感到一些寂寞。最为尴尬的还是客人来了无钱款待，"有客过茅宇，呼儿正葛巾。自锄稀菜甲，小摘为情亲"。（《有客》）接待稀落的客人造访，也只有到家中的自留地里摘上一些菜蔬，吃一顿简单的饭菜，仅此而已。

在这段生活中，草堂最受欢迎的客人是高适与严武。760年，诗人高适为彭州（今四川彭县）刺史，杜甫向高适请求帮助。杜甫到成都也是因为严武为成都尹，邀请杜甫为幕僚。杜甫之所以能在成都郊区盖上草堂，得益于严武的支持。一个是宋梁漫游时期的旧友，一个是房琯的同党，正是因为有这两个好友的资助，才有杜甫草堂的营建。

高适代成都尹时，常常带酒到草堂拜访杜甫，杜甫自愧没有鲜菜招待，只好劝高适多多饮酒。严武做成都尹时，常常带着小队人马，来到浣花溪畔拜访杜甫，有时还带着美酒佳肴，与杜甫欢聚、畅饮。

浣花溪距成都城西七里，四周人烟稀少，生态环境非常好，草堂以木材为梁，茅草铺盖，对原有的生态没有破坏。草堂周围是一派田园风光，景色优美，花木葱茏。"杨柳枝枝弱，枇杷对对香。鸬鹚西日照，晒翅满鱼梁。"（《田舍》）清澈的浣花溪水曲折蜿蜒地绕着草堂流过，夏日里的江村非常幽静，"清江一曲抱村流，长夏江村事事幽"。（《江村》）鱼儿游弋，燕子翩翩，"细雨鱼儿出，微风燕子斜"。（《水槛遣心》之一）梁上的燕子、水中的鸥都自由自在，"自去自来梁上燕，相亲相近水中鸥"。（《江村》）在这样优美的环境中，人与人的关系非常和谐，杜甫不仅对邻居友善，对待客人也是非常有礼貌，"白沙翠竹江村暮，相送柴门月色新"。（《南郊》）

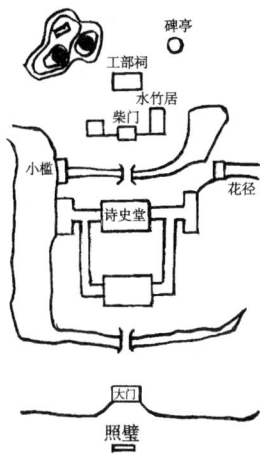

成都杜甫草堂平面图（黄沐天临摹）

此图可以帮助我们从整体上了解杜甫草堂的规模以及景点布局。杜甫修建草堂时，规模并不大。如今的草堂，按照纪念馆和风景名胜区建设，规模扩大了许多。

草堂的落成，结束了杜甫4年流离转迁的生活，他离开了干戈交接、哀鸿遍野的中原，眼前出现一片田园美景。花鸟虫鱼都好像对他表示殷勤，使他多年劳苦忧患的生活暂时得到休息，但是位卑未敢忘国忧的杜甫骨子里流淌着的仍是对朝政和黎民的忧思，他并不曾忘记流离失所、无处安家的人们，于是才能咏出"安得广厦千万间，大庇天下寒士俱欢颜"的心声。

草堂茅草为秋风吹落

草堂建成了，环境甚美，吟诗作画有许多题材，但是单是种植一些农产品、草药，并没有减轻诗人生活的压力。生活的拮据让杜甫苦不堪言，他不得不向友人、官员哀求救济和资助。杜甫虽然是成都草堂的业主，但却是个没有钱的穷业主。草堂的一草一木，都凝聚着杜甫的心血以及他的惨淡经营。

尽管草堂的生活艰难，但毕竟有了一处属于自己的房屋，也就有了一处遮挡风雨的处所。然而屋漏偏逢连夜雨，到了第二年八月（农历），大风破屋，大雨接踵而至，草堂屋顶的茅草被风吹落，室内一片雨漏，凌乱不堪。诗人长夜难眠，感慨万千，写下了感人至深的《茅屋为秋风所破歌》：

八月秋高风怒号，卷我屋上三重茅，茅飞渡江洒江郊。

高者挂胃长林梢，下者飘转沉塘坳。

南村群童欺我老无力，忍能对面为盗贼。

公然抱茅入竹去，唇焦舌燥呼不得，归来倚杖自叹息。

俄顷风定云墨色，秋天漠漠向昏黑。

布衾多年冷似铁，娇儿恶卧踏里裂。

床头屋漏无干处，雨脚如麻未断绝。

自经丧乱少睡眠，长夜沾湿何由彻？

安得广厦千万间，大庇天下寒士俱欢颜，风雨不动安如山。

呜呼！何时眼前突兀见此屋？吾庐独破受冻死亦足！

　　写的是数间茅屋，表现的是忧国忧民之情感。颠沛流离，乡关万里，好不容易盖起了茅屋，刚刚定居下来，却被秋风所破。诗人如果不是十分穷困，就不会对大风刮走茅草那么心急如焚；群童如果不是十分困穷，也不会冒着狂风抱那些并不值钱的茅草。"布衾多年冷似铁，娇儿恶卧踏里裂"两句，如果没有穷困生活体验是写不出来的，成都的八九月，天气并不冷，正是由于"床头屋漏无干处，雨脚如麻未断绝"才感到冷。这个冷，并不完全是天气的"冷"，而是杜甫对社会现实离乱感到的心冷。从眼前的处境扩展到"安史之乱"以来种种痛苦经历，从风雨飘摇的茅屋扩展到战乱频繁、残破不堪的国家。回归"长夜沾湿"的现实，又怎能够入眠？于是由个人的艰苦处境联想到其他人的类似处境，[3]以及普天下的人民，"自经丧乱少睡眠"，是忧念天下事，而不仅仅是为了一己之私，[4]所以才有"安得广厦千万间，大庇天下寒士俱欢颜"的崇高愿望与宽广胸襟。

《茅屋为秋风所破歌》插图（摘自《初中古诗词背诵推荐篇目精解》）

　　屈原说过"长太息以掩涕兮，哀民生之多艰"。杜甫的愿望乃是屈原精神的延续，"安得广厦千万间，大庇天下寒士俱欢颜，风雨不动安如山"。不仅仅是对房屋质量的要求，而是希望天下人都有房住、有饭吃，过上安居乐业的生活。人们拼命工作，苦苦追求，也是希望过上"住有房、食有肉、行有车"的小康日子。但是房价直线攀升，房屋质量低劣，收入增加赶不上物价上涨，于是，我们免不了又会发一番杜甫的感慨。

　　杜甫是一位把自己的命运和国家、民族的命运联系起来的、迫切要求改造现实的伟大现实主义诗人，他经历了安史之乱，深切感受到战乱的痛苦。他蘸着血泪，沉郁悲哀，将他的感情、感慨、希望寄托于诗篇之中，唱出他"关怀国运，蒿目民艰"的胸襟。[5]杜甫以饥寒之身永怀济世之志，处穷困之境而无厌世思想，为了让天下的寒士免于饥寒，他宁愿牺牲自己。让"天下寒士俱欢颜"的崇高愿望，并非只企望"寒士"住大厦享受太平，而是希望天下大治，天下大同，人民丰衣足食。

　　对于草堂茅屋被风吹落，郭沫若先生考证，茅屋的茅草应有三重，表示老屋的屋顶加盖过两次。"一般来说，一重约有四五寸厚，三重便有一尺多厚。这样的茅屋是冬暖夏凉，有时候比起瓦房来还要讲究。"[6]由此推断，杜甫当时的生活比较富裕，其实屋顶是否被加盖过，即使加盖两次，也不一定就是一尺厚度，也可能是一寸或两寸，"床头屋漏无干处，雨脚如麻未断绝"乃是对现实的描述，屋顶漏了，肯定要修补、加盖。

尽管整个草堂占地面积广，但是并不能说明杜甫生活如何富裕。房屋破漏，茅草加盖也可能是就地取材，无须多少花费；古代人在荒山野岭开垦建房，虽然占用了土地，并不表明一定要支付一笔可观的土地费，与现在建房收取土地出让金不是一个概念。居住在偏僻的地方，周围山林都可以说是占地面积，并不是现在置业概念中的别墅及其配套的公共面积。

再度回草堂居住

上元二年（761年）末，严武赴任成都尹兼御史中丞，给过杜甫不少帮助。唐代宗宝应元年（762年）七月，严武应召入朝，成都少尹兼御史徐知道在成都叛变，杜甫流亡到梓州、阆州，妻子还留在成都草堂。他惦记浣花溪畔的草堂，后来回过成都一次，接妻子儿女，才知道草堂在大乱中没有遭到破坏。宝应二年（763年）春，延续七八年之久的安史之乱结束。杜甫远在梓州听到这个消息，欣喜若狂。

唐代宗广德二年（764年）春，严武被任命为成都尹兼剑南节度使，杜甫也在三月回到成都。严武举荐杜甫为节度参谋、检校工部员外郎。杜甫在成都节度使幕府中住了几个月，因为不习惯幕府生活，一再要求回到草堂，最后严武同意了他的请求。长达一年零九个月无人居住，草堂已是一片荒凉的景象。"昔我去草堂，蛮夷塞成都。今我归草堂，成都适无虞。……不忍竟舍此，复来薙榛芜。入门四松在，步屟万竹疏。"（《草堂》）

草堂凝聚着杜甫的心血，牵动着他的情感。不畏艰难困苦的杜甫振作精神，开始收拾残局。他凿井开渠，把草堂重新打理一番，晚春初夏时节，草堂又恢复了生机。"迟日江山丽，春风花草香。""江碧鸟逾白，山青花欲燃。"（《绝句二首》）"舍下笋穿壁，庭中藤刺檐。地晴丝冉冉，江被草纤

纤。"(《绝句六首》其五)

杜甫一生颠沛流离，在成都草堂的生活是他生活相对稳定的时期，[7]留下诗作240余首，如《春夜喜雨》、《蜀相》等名篇，其中《茅屋为秋风所破歌》更是千古绝唱。不过如果严格计算，杜甫从760年在浣花溪畔建筑草堂，到766年四月严武突然去世，扣除中间流亡梓州、阆州的一年又九个月，杜甫在草堂居住也就四个春秋。

暮年居无定所，以船为家

唐代宗永泰元年（765年）正月，高适在长安去世；四月，严武突然去世。高适之死，让杜甫伤悲；而严武的逝世，却让杜甫失去了靠山，他不得不在五月率领家人离开草堂，乘舟东下。"五载客蜀郡，一年居梓州"（《去蜀》），结束了杜甫"漂泊西南"的前半个阶段。

九月，杜甫一家抵达云安，因病不能前进，至次年暮春病势减轻，才迁往夔州。住在山坡上用木板搭建的简陋房屋中，用竹筒引山泉饮用，生活更为艰难。在夔州居住未满两年，杜甫创作十分丰富，成诗400余篇。这时候杜甫的健康状况越来越坏，疟疾、肺病、风痹、糖尿病等不断缠绕他。

因为夔州气候恶劣，朋友稀少，杜甫于大历三年（768年）正月起程出峡。三月到江陵。在江陵住了半年，移居公安数月。在杜甫生命的最后两年，他居无定所，全家居住在一叶小舟上，往来于岳阳、长沙、衡州、耒阳之间，他的大部分时间都在船上度过。大历五年（770年）冬天，因贫病交加，杜甫病逝于长沙与岳阳之间湘江上的舟楫中，终年59岁。[8]临终前绝笔长诗《风疾舟中伏枕书怀》，"战血流依旧，军声动至今"，仍以国家灾难为念。

杜甫离世后，因为家贫，家人无力把他的灵柩运回祖墓安葬，只好将灵柩停厝在岳阳。[9]

直到43年后，即唐宪宗元和八年（813年），才由杜甫的孙子杜嗣业将其遗体搬运到偃师，移葬于河南首阳山下[10]、杜甫祖父杜审言的墓旁，并且请诗人元稹作了一篇墓志铭。[11]杜甫一生颠沛流离，但是位卑未敢忘忧国，"穷年忧黎元，叹息肠内热"，体现了强烈而深沉的赤子之心。

杜甫是不幸的，他的不幸在于一生坎坷，但是正是因为他饱经风霜，饱尝国破家亡之痛苦，他的诗歌才反映了唐代安史之乱前后20年的社会全貌和普通老百姓的疾苦，所以杜甫也是幸运的，他的伟大诗篇影响深远，成为中国传统文化中的瑰宝。

杜甫的一次无奈的置业，一次为美好生活的努力，留下了成都草堂，也留下了宝贵的物质财富，给我们提供了一个缅怀杜甫的处所。今日的杜甫草堂经过多次修复，占地240余亩，是成都游客最集中的观光胜地之一。草堂内楠木参天，梅竹成林，溪水蜿蜒，桥亭相间，花径柴门，曲径通幽，园林格局典雅而幽美。1985年，杜甫草堂更名为杜甫草堂博物馆，馆内珍藏有各类资料3万余册、文物2 000余件，是有关杜甫生平创作馆藏最丰富、保存最完好的地方。

[注释]

[1] 冯至：《杜甫》，载：《中国大百科全书·文学卷Ⅰ》，北京：中国大百科全书出版社，1988年，第125页。

[2] 冯至：《杜甫传》，天津：百花文艺出版社，2003年，第95页。

[3] 霍松林：《数间茅屋苦饶舌说杀少陵忧国心——说杜甫〈茅屋为秋风所破歌〉》，载霍松林：《唐宋名篇品鉴》，北京：中国社会科学出版社，1999年，第121页。

[4] 傅庚生：《杜诗散绎》，西安：陕西人民出版社，1979年，第35页。

[5] 冯至：《人间要好诗》，载：《杜甫传（附录一）》，天津：百花文艺出版社，2003年。

[6] 郭沫若：《李白与杜甫》，北京：人民文学出版社，1972年，第138

页。郭沫若先生此书是在 20 世纪 70 年代扬李抑杜的思潮下的产物，对杜甫颇多批评。

　　［7］杜甫在蜀中生活 8 年，指 760 年至 766 年跨度为 8 个年头，其中成都生活 5 年，而在草堂生活满 4 年，这时期称为杜甫漂泊西南时期，还包括在湖北、湖南 3 年。

　　［8］对于杜甫的死，有说是杜甫死于牛肉白酒。大历五年（770 年）夏四月，杜甫来到耒阳，聂县令送来酒肉。唐人郑处诲《明皇杂录》记其事："杜甫客耒阳，游岳祠。大水遽至，涉旬不得食。县令具舟迎之。令尝牛炙白酒，……甫饮过多，一夕而卒。"郭沫若在《李白与杜甫》第 205 页中认为，因为聂县令所送牛肉很多，杜甫一次没吃完，时在暑天，冷藏得不好，牛肉腐败，杜甫吃了变质的牛肉而死。而冯至在《杜甫传》第 155 页则斥之为无稽之谈，"这传说从唐中叶以后便传布得很广，它和李白醉后水中探月而死的故事是同样地荒诞无稽"。缪钺在《杜甫》第 45 页中也认为"这完全是无稽之谈，不可信的"。

　　［9］［10］［11］缪钺：《杜甫》，成都：四川人民出版社，1983 年，第 45 页。

四　白居易私家园林置业

　　与杜甫的颠沛流离相比，盛唐接近中唐的大诗人白居易的生活就稳定多了，仕途颇为顺畅，至于置地购房，建造自己的私人家园也轻松很多。

　　唐代是中国历史的繁荣期，国力强盛，经济繁荣。置业经济进入唐代，也出现了新的情况，追求规模，讲究奢华，"盛唐、中唐时，显贵住宅豪奢，院落重重，使用高贵木料，家具陈设精美……宅旁园林也颇多发展，大贵族的宅园号称山池，有占地达1/4坊的"[1]。

　　白居易（772—846年），字乐天，号香山居士、醉吟先生。祖籍太原，曾祖父白温迁居陕西下邽（今陕西渭南），遂为下邽人。贞元十六年（800年），进士及第。贞元十八年（802年）考中书判拔萃科。自58岁开始，白居易定居洛阳，先后担任太子宾客、河南尹、太子少傅等职。会昌二年（842年）以刑部尚书致仕。

久居长安有何难

　　白居易少年时就以文名。据说他16岁时曾赴长安，袖筒里藏着诗稿拜谒大诗人顾况。一见到白居易的名字，顾况一笑，调侃少年白居易："长安物价昂贵，居长安大不易。"白居易虽然年少，却知书达理，反应极快。他说："长安确实生活不容易，但是我来长安，并非定居，而是向大人献诗的。"于是将袖筒里的诗歌拿出来，呈给顾况审读。

起初，顾况没有把白居易这个少年放在眼里，只是随意翻阅诗稿，漫不经心，当读到《赋得古原草送别》时，眼睛一亮，朗声吟诵起来："离离原上草，一岁一枯荣。"给他耳目一新的感觉。接着读到"野火烧不尽，春风吹又生。"不禁击节叫好。"远芳侵古道，晴翠接荒城。又送王孙去，萋萋满别情。"全诗一气吟完，顾况对白居易说："白公子有这样的才情，写出如此诗句，不仅可以久居长安，即使久居天下又有何难？"

少年白居易的诗篇让大诗人顾况感到唐诗中兴有人，顾况知道大唐王朝又一个天才诗人诞生了。得到顾况的赞誉，白居易的诗名从此名扬天下。正如顾况预言的，盛唐接近中唐时期的大诗人白居易横空出世，继诗圣杜甫之后，再开唐代现实主义诗歌的新篇章。

授官后在长安租房而居

白居易虽然出生于官宦之家，但是父亲白季庚也就是个中下层的官员，做过彭城县令、朝散大夫、徐州别驾、徐泗观察判官，家庭经济情况一般。白季庚为官清廉，几无家资。唐德宗贞元十年（794 年）五月，白季庚因病在襄阳去世，家里竟然无钱将父亲的灵柩运回原籍安葬，只好暂时停放在襄阳县东津乡南原。[2] 父亲的去世，使白家失去了经济来源，白季庚官职不高，俸禄供养一家人生活仍显勉强。这时白居易 23 岁，还是白丁（没有中科举），与他同庚（同岁）的刘禹锡已经进士及第，好友元稹早就明经登第了。

贞元十六年（800 年），白居易进士及第，名次是第四名，是同榜 17 人中年龄最小的。中了进士，意味着有了做官的资格，但是要授官，还要参加拔萃科考试。贞元十九年（803 年）三月，白居易拔萃科考试登第，授秘书省校书郎。经过十几年的奋斗，白居易在 32 岁时终于踏上了仕途，成为一名校书郎。秘书省主管国家经籍图书和撰拟文字之事，相当于国家图书馆，而校书郎是一个从九品上的小官。根据《旧唐书·百官志》的记载，主要负责

"校理典籍，刊正错谬"工作。

做官就可以吃俸禄（拿工资），这对家庭生活困难的白家来说，意义重大。此前因为父亲去世，白居易还没有授官，家庭开支都靠亲戚朋友的资助。现在做了官，有了薪水，维持生计就没有问题了。白居易用他微薄的官俸，在长安租了一间房子，将母亲接过来同住。房子比较宽敞，有四五间房，原房主是唐德宗时期宰相关播，贞元十三年（797 年）关播去世后，房子一直是空着的。[3] 白居易租赁花费不多，否则以他的俸禄如何能支付起昂贵的房租？当时白居易的俸禄是一年一万六千钱，每月除了支付房租和雇用两个仆人外，还有一些结余。他再也不用为衣食而忧，也不再为人事纷杂所牵扯，可以与朋友一起出游、饮酒、欢宴，潇潇洒洒过日子，看来居长安说难也不难。他在《常乐里闲居偶题》说及当时的情形："茅屋四五间，一马二仆夫。俸钱万六千，月给亦有余。既无衣食牵，亦少人事拘。遂使少年心，日日常晏如。"这是自父亲去世后，白家经济的翻身。生活的稳定，收入的富余，为白居易日后置业购房打下了基础。

租房是白居易迈向购房置业的第一步，大致上，置业者都经历过租房而居的生活，租不如买，租房是花钱消费，买房是花钱储蓄。租房者大多数是因为起初收入不高，没有积蓄，等到工作稳定，收入丰厚了，有了积蓄后，就开始投资购房。古代购房不如现在方便，可以向银行贷款，那时如果资金不足，只能在民间筹措。当然，当时房屋的质量有保证，以次充好、偷工减料的现象较少。民间借贷也讲究诚信，按时还款，还不出来就以房屋抵押。

举家迁回故里，居住于老宅

白居易做官后，成了白家的顶梁柱，母亲来了，家里其他成员也陆续来长安，投奔白居易。人多了，开支增大，长安租赁的房子也嫌小了，住不下一大家子人。好在白居易祖上在老家下邽县义津乡金氏村有一处地产，于是，白居易全家老小迁往离渭水河边不远处的故里金氏村居住。这里距离长安近百里，乘船往来长安、老家，倒也方便。

居祖上老宅，一方面全家团聚（白居易一人在长安为官），共享亲情，母亲有人照顾，省却了白居易的牵挂，可以安心工作；另一方面，省去了因为人口多，房屋小，可能再租别院增加租金以致家庭开支增大的困窘，也缓解了俸禄少、人口多、开支大的矛盾。

白居易遇到的问题，在今天社会依然普遍存在，中国一线城市房价居高不下，普通白领的高收入，仍然高不过节节攀升的房价。做"房奴"，身背巨大的还贷压力，身心疲惫；不买房，没有成家的物质基础，女性择偶往往不屑一顾，"裸婚"在现代都市中不是时髦，而是无奈。

避开一线城市，选择二线、三线城市发展，或者在一线城市的近郊购房，以及先租房，积蓄资金是不错的选择。在居住方面，除了本地人略有优势外，外地人能够在一个城市定居，收入高低成为"居易"与"居不易"的决定因素。假若交通便利，不妨学学白居易没做高官前的做法，全家人避开繁华城市长安，去乡下、近郊居住。

再居长安，仍然租房而居

唐宪宗元和元年（806年）三月，白居易校书郎任职到期，需要转任其他官职。五月底，出任长安下属周至县县尉，县尉的职责是协助县令"分判中曹，收率课调"（就是向老百姓征收赋税）。仅仅在周至县干了一年，元和二年（807年）夏初，白居易奉命调回京城长安担任府试官，即进士考官，不久授翰林学士。唐德宗以后，翰林学士成为皇帝最亲近的顾问兼秘书官，有"内相"之称。

这次回长安，白居易仍然是租房而居，新租赁的是新昌里的一所宅院，比原来的房子要大许多，环境也改善了许多，院子里种植着松树，枝繁叶茂。

在长安为官的弟弟白行简也经常过来与白居易同住。[4]租房还有一个因素，这时白居易已经30多岁了，却还是单身，或许正是因为没有家室的牵挂，租房更经济些。按照中国人的生活习惯，一般是结婚才买房。

元和三年（808年），37岁的"大龄青年"白居易与杨汝士的妹妹结成姻缘。翌年，这时的白居易已经是门下省的左拾遗了，官职从八品上。虽然由吏晋升为朝廷的命官（县尉是官吏，知策考官、翰林学士都不属于朝廷正式的命官），但是官俸并不高，要负担妻子、老母一大家子，有些吃紧。好在夫人是理财高手，勤俭持家，倒也不要白居易操心。

对于这一时期的家庭困窘，白居易在向唐宪宗进呈《奏陈情状》中有说明："臣母多病，臣家素贫。甘旨或亏，无以为养；药饵或阙，空致其忧。情迫于中，言形于口。伏以自拾遗授京兆府判司，往年院中，曾有此例：资序相类，俸禄稍多。傥授此官，臣实幸甚。则及亲之禄，稍得优丰，荷恩之心，不胜感激！"在陈述家庭情况之时，白居易向宪宗表述了转任京兆府判司一职的愿望，因为左拾遗的官俸低，京兆府判司官权力虽不大，但俸禄稍高。后来唐宪宗诏令白居易为京兆府户曹参军，比判司还有实权。户曹即管理户籍的部门，参军是部门长官。户曹参军的年俸是五万钱，禄米二百石。长期以来因为家境贫寒，兄弟们头上的发簪都是竹发簪，新婚的妻子只能穿粗布衣裳。"弟兄具簪笏，新妇俨衣巾。……俸钱四五万，月可奉晨昏。禀禄二百石，岁可盈仓困。"（《初除户曹喜而言志》）有了五万钱的年薪，现在每月家里还有结余，粮仓也一下子满了起来。亲朋好友来祝贺，也可以设宴置酒招待了。

户曹参军的任职是白居易经济上的一个转机，破落、穷困的日子从此一去不复返，家境渐渐富裕起来，于是他大兴土木，把新昌里的房屋重新装潢了一次，"新园聊铲秽，旧屋且扶颠。檐漏移倾瓦，梁欹换蠹椽。平治绕台路，整顿近阶砖。巷狭开容驾，墙低垒过肩。门闲堪驻盖，堂室可铺筵"。装潢后的新昌居旧貌换新颜，"等闲栽树木，随分占风烟。逸致因心得，幽期遇境牵"（《新昌新居书事四十韵因寄元郎中张博士》）。

因为母亲去世，白居易辞官回家丁忧，家庭经济状况又一落千丈。在闲居四年后，白居易在朝中朋友的活动下，终于复出，授太子左赞善大夫，官五品。

回到阔别四年的长安，白居易没有钱租赁皇城边的房子，只好租赁昭国里的一个院落，居住条件不如新昌里，距离皇城又较远，每天上朝很是不便。那时高官都坐轿子上朝，靠脚力步行上朝就累多了，因为上朝要穿朝服，戴腰带，穿戴整齐，整套朝服分量不轻。

修建庐山草堂

早年白居易就信佛，与僧人往来较多。中年时，母亲自杀、小女夭折，白居易未老先衰。在生了一场大病之后，白居易迷恋上佛教，常常居住在故里金氏村的小寺庙里，一住就是十天半个月。他出任太子左赞善大夫不久，又被贬江州司马。在江州期间，白居易上了庐山，游览礼佛东林寺、西林寺，还访问了陶渊明在柴桑的故居。元和十二年（817年）春节期间，白居易再次登临庐山，向陶渊明的九世孙智满法师学习禅法。

过了正月十五，白居易与智满法师去香炉峰北的遗爱寺。在遗爱寺与香炉峰之间有一块平坦的空地，"介峰寺间，其境胜绝，又甲庐山"（《草堂记》），也就是说这里是观赏庐山的佳绝处。上一年秋天白居易就看中了这块宝地，有意在此修建一间草堂，盖草堂习佛法修行的想法得到了庐山各寺院住持的赞同。这次，白居易与智满法师来此，检查草堂的工程进展，来到现场一看，草堂已初具规模。3月27日，庐山草堂落成。

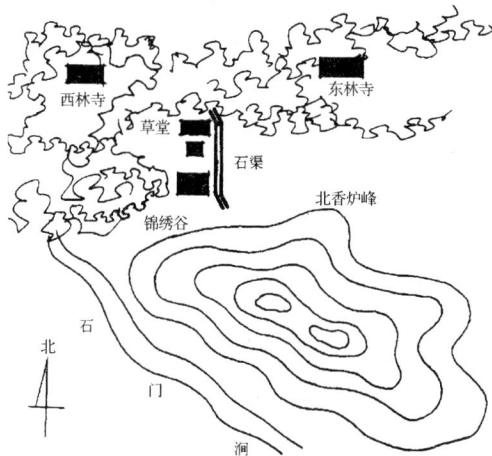

白居易庐山草堂位置想象图
（摘自《中国古代园林史》）

　　左为根据庐山的具体位置绘
制的草堂位置图。庐山草堂在东
林寺、西林寺之间。

　　庐山草堂的建设对白居易有着非同寻常的意义，这是他致力于钻研佛法
的一个标志，此后他成为虔诚的佛教徒。另外，这是白居易置业的第一处房
产，真正属于他自己投资建设的房屋。

　　白居易在《致友人书》中对庐山置业草堂的原因交代得很清楚，"始游庐
山，到东、西二林间（即东林寺、西林寺之间）。香炉峰下，见云水泉石，胜
绝第一，爱不能舍，因置草堂"。因为爱云、水、泉、石，故而修建草堂。[5]
在《草堂记》里也强调了原因，"介峰寺间，其境胜绝，……见而爱之，若远
行客过故乡，恋恋不能去，因面峰腋寺，作为草堂"。

　　在《草堂记》中还说明了修建草堂的时间，在元和十二年（817年）春。
"明年（元和十二年）春，草堂成。三间两柱，二室四牖。……木斫而已不加
丹，墙垍而已不加白。阶用石，幂窗用纸，竹帘纻帏，率称是焉。"在《香炉
峰下新卜山居住草堂初成偶题东壁》诗中也说："五架三间新草堂，石阶桂柱
竹编墙。南檐纳日冬天暖，北户迎风夏月凉。"草堂坐北向南，有隔成三间
房，二室四个窗子，北墙留有后窗吸收凉风，防止暑气；南面的屋子敞开，
广纳阳光，御冷去寒。"间"指房屋的宽度，两根立柱中间算一间，间数越
多，面宽越大。"架"是指房屋的深度，架数越多，房屋越深。[6]

　　庐山草堂的规模不大，也就三间草房，盖房的材料从庐山就地取材，以木为柱，以草为顶。房屋中的木柱没有粉刷朱色，墙壁也不用石灰粉刷增白，完全是木材、柴草的本来面目，台阶全用石料，窗子用纸糊着，竹帘则用纟草编成，可见草堂修建得极为简朴。其实位于庐山名胜之地的草堂，素朴才与自然环境相协调，才是山居的风格。

庐山草堂

　　白居易盖草堂的目的是为了方便习佛法，修品行。得到庐山各寺院住持的同意后，就建造起来。两个月的工夫，草堂即落成。

　　在庐山草堂的前面"平地，轮广十丈，中有平台，半平地。台南有方池，倍平台。环池多山竹野卉。池中生白莲白鱼……堂北五步，据层崖积石，嵌空埃垠，杂木异草，盖覆其上，绿阴濛濛，朱实离离，不识其名，四时一色"。池子里种的都是山竹野花，池中有白莲，水中养着白鱼。

　　因为就地取材，因陋就简，又得到寺院的支持，房屋是白居易自己设计，花木亲自种植，池塘指导挖掘，因此，草堂建设费用并不高，也符合环保生态要求，是真正的低碳建筑。

庐山草堂人工置景开先河

庐山佳绝处，就在峰寺间。与一般房屋营造园林景色不同，或者说特别的是经过人工设计，白居易采取了借景的方法，修建了一道人工瀑布，开中国园林置景活水的先河。

草堂的东面原本有一条天然瀑布，"堂东有瀑布，水悬三尺，泻阶隅，落石渠，昏晓如练色，夜中如环佩琴筑声"。白居易根据庐山草堂高低落差，引水到西面，形成了一道人造瀑布。具体做法是将粗壮的竹子剖开，架空，连成管道，引东崖瀑布之水，在西面流下，"堂西依北崖石趾，以剖竹架空，引崖上泉，脉分线悬，自檐注砌，累累如贯珠，霏微如雨露，滴沥飘洒，随风远去"。瀑布虽小，然而水帘如白带，风生水起，形成了水珠四溅、细如雨露的珠帘效果。

庐山瀑布

在草堂的东面原本有一条天然瀑布，草堂建成后，白居易根据庐山草堂高低落差，引水到西面，形成了一道人造瀑布。庐山瀑布之有名，得益于李白的《望庐山瀑布》："日照香炉生紫烟，遥看瀑布挂前川。飞流直下三千尺，疑是银河落九天。"

庐山草堂盖好后，白居易在江州司马府与庐山草堂两处轮流居住。江州司马府的住宅，就建在浔阳城的西门外，这里离湓浦口很近，北临长江，背靠湓水（今龙开河）。有水而居，闲看江景，可以排解心中的郁闷。在庭院北边，是一座长满翠竹的土冈，宅后是枝柯参天、绿树成荫的小园。园内树木葱郁，鸟语花香，白居易很喜欢这样幽静恬美的环境。以前住在长安时，他就在院子里种植树木，在白居易的意识中有浓重的园林情结，后来他在洛阳建立私家园林住宅，也是其园林情结的体现而已。

本来构筑草堂，白居易便有在此终老的打算，但是计划赶不上变化，没多久，白居易出任忠州刺史，调离了江州，司马府是官署，依然还给官府，庐山草堂原本就是为了学佛修行所用，自然交寺院使用。

洛阳购置私家园林

不久，白居易又调回长安，擢升为尚书主客郎中、知制诰，官至正六品上。官做大了，俸禄也增加了，白居易在新昌里购买了一处宅院，实现了他在长安购置房屋的梦想。此后，白居易官运亨通，先后担任上柱国、中书舍人（正五品上，跨入高官行列）、杭州刺史、苏州刺史、秘书监（从三品）、刑部侍郎（相当于司法部副部长）、太子宾客、河南尹（正三品，相当于洛阳市长）。

河南尹在当时是个很重要的职位，唐朝除了京城长安外，又设立了东都洛阳，北都太原。长安设京兆府，洛阳设河南府，太原设太原府，三府各处理管辖都城的地方事务。三府各设尹一员，正三品，为都城的最高行政长官。三府类似现在的直辖市，尹就相当于直辖市的市长。河南尹不仅位高权重，而且俸禄丰厚。

唐文宗大和五年（831年）正月，白居易走马上任河南尹。或许因为官越做越大，俸禄丰厚了，白居易对生活也开始倾向于享受。由于经济发展，社会财力雄厚，贵族、高官竞相"建造华美的宅第和园林，并根据不同的等级，自王公官吏以至庶人的住宅，门、厅的大小，间数、架数以及装饰、色彩都有严格的规定"[7]，体现出等级制度。当时正是私家园林繁荣时期，达官贵人府邸流行园林建设，仅在洛阳一地就有1 000多家。白居易身为洛阳最高行政长官，自然不能免俗，他也追逐潮流，开始营造自己的宅院，凿池引水，筑台建亭，种花移树，忙得不亦乐乎。

这座宅院占地17亩，其中住宅占1/3，水面占1/5，竹林占1/9。水池中建筑有三岛，中岛上建有小亭，以桥相通，环池开路，池中种白莲、菱角和菖蒲，池岸曲折，环池小直径穿行于竹林间，四周建小楼、亭台、游廊，供主人读书、饮酒、赏月和听泉用。园中还堆筑有形态各异的太湖石、天竺石、青石与石笋。[8]整个园的布局以水竹为主，并使用划分景区和借景的方法。[9]这处宅院本是洛阳杨氏的旧宅，白居易接手后，寄情于"诗情画意"，用造园的手法进行了改造，[10]小小宅院，竟然经营了十多年，足见主人用心之深。

洛阳白居易墓地

白居易逝世后，葬于洛阳。他曾做过洛阳的最高行政长官（河南尹）。墓碑上刻有白居易的成名作"离离原上草，一岁一枯荣。野火烧不尽，春风吹又生"。由到长安"居大不易"，到"久居长安有何难"，白居易仅用一首诗作就改变了大诗人顾况对他的看法。

白居易描绘他的宅院，有诗为证："沧浪峡水子陵滩，路远江深欲去难。何如家池通小院，卧房阶下插渔竿。"

唐代流行私家园林建设

唐代的私家园林具有待客、生活、读书及游乐的功能，多与住宅结合，占地不大，多则几十亩、十几亩，少则仅几亩。在格调上追求平和、宁静的气氛，建筑不求华丽，环境色彩讲究清淡雅致，力求创造一种与喧哗的城市隔绝的世外桃源。[11] 因此，士大夫为了满足自己的愿望，有的也为了附庸风雅，追逐潮流，竞相建造私家园林。

私家园林集中在南方，因为南方具有造园的自然、经济与人文诸方面条件。南方私家园林中几乎无园不种竹。白居易说："水宫旨性淡为吾友，竹解心虚即吾师。"（《池上竹下作》）他在自己的宅院池边不但种了成片的竹，而且还"持刀刬密竹，竹少风来多，此意人不会，欲令池有波"。（《池畔》）白居易在《池上篇》中对他喜爱的私园履道坊宅园有过描述："十亩之宅，五亩之园，有水一池，有竹千竿；勿谓土狭，勿谓地偏，足以容膝，足以息肩，有堂有庭，有桥有船，有书有酒，有歌有弦。有叟在中，白须飘然；识分知足，外无求焉。……优哉游哉，吾将终老于其间。"

唐朝的这种私家园林，其实就是占地面积比一般别墅大的庄园，其规模也有大有小，大的如王维的辋川别业，整个景区占地几百亩；小的像白居易的洛阳宅院，只有十多亩。类似的私家园林、别业，在唐朝著名的还有裴度的午桥庄、李德裕的平泉庄、司空图的司空庄等。因简陋而声名远扬的田园别墅则有白居易的庐山草堂。

唐代的这种根据文人理念、情趣构思，自己动手设计、修筑宅院的做法，对后世有一定的影响，北宋的王安石在南京钟山附近设计半山园，明清之际的李渔在南京老虎头一带修筑芥子园，清代袁枚在南京小仓山构筑随园，皆沿袭此种风气。

[注释]

[1] 傅熹年:《中国古代建筑概说》,载傅熹年:《中国古代建筑十论》,上海:复旦大学出版社,2004 年,第 10 页。"占地达 1/4 坊"的"坊",笔者疑是"顷"的笔误,土地的数量单位没有这个词。

[2][3][4] 张弘:《迷路心回因向佛——白居易与佛禅》,郑州:河南人民出版社,2002 年,第 17、46、81 页。

[5] 汪菊渊:《中国古代园林史》,北京:中国建筑工业出版社,2006 年,第 154 页。

[6][8][11] 楼庆西:《中国古建筑二十讲》,北京:三联书店,2004 年,第 40、181、183 页。

[7][10] 刘敦桢:《中国古代建筑史》(第二版),北京:中国建筑工业出版社,1993 年,第 117、125 页。

[9] 白居易:《白氏长庆集》卷六十《池上篇并序》,四部丛刊本。

五　王安石半山园置业

　　当年大诗人顾况对初出茅庐的白居易说"居长安大不易",却又因为白居易的才情而感叹,"不仅可以久居长安","即使久居天下又有何难"。居住大城市的易与不易,固然受到经济因素的影响,但是对于有才能、发愤图强的人来说,也未必是难事。如果好高骛远,又不愿脚踏实地奋斗,想拥有自己的房屋,建设自己的家园,成就一番事业,大概只能是空想。如今相亲找对象,女方要求工作没多久的男子拥有都市中的一套房,不免有点操之过急,急功近利。即使像白居易这样位居高位的官员,出仕之时也买不起房,养不起车,经过了若干年的奋斗,才拥有自己的房子。我们再来看看久居南京、曾经位居宰相高位的王安石,是如何对待购房的,他又是怎样从无房到有房,最终捐出自己的房产的。

　　王安石(1021—1086 年),字介甫,号半山。江西临川(今抚州)人,世称临川先生。因封荆国公,也称王荆公,谥文,故又称王文公。宋仁宗庆历二年(1042 年)进士第四名及第,初任签书淮南(扬州)节度判官厅公事,后由地方调入京城,入阁拜相,宋神宗熙宁二年(1069 年)二月为参知政事(副相),次年升任宰相。

　　王安石的仕途比较顺达,但是他在六朝古都南京居住却不易,古今同理。居南京不易,何出此言?因为今日的南京房价在全国各大城市排行榜上是前几名,而南京人的收入却没有进入前几名。尽管南京的房子盖了不少,商品房的销售也挺火的,但是南京本地人购买也同样是倾其一生所有,甚至向亲朋好友举债购房，买房并不轻松。外地人在南京购房，也是为了工作的方便，安家落户，买房之后就成了"房奴"。

南京这座城市文化底蕴深厚，经济发展迅猛，自然吸引了许多外乡人选择在南京工作、发展，安居乐业。其实，对于南京的向往，不仅是在现代，古代来南京工作、学习、生活的外地人也不少。现代客居南京的外地人在南京买地购房，安家落户，带动了南京房产的繁荣，带动了南京经济的发展。历史上的情况也颇为相似，许多外地人进入南京，在南京安家落户，如李渔建芥子园、袁枚筑随园、吴敬梓营造秦淮水亭等，而北宋时期的名相王安石则是客籍入住南京最著名的一个，他修筑的半山园也是赫赫有名的私家住宅。

随全家迁居南京时期房屋简陋

王安石与南京颇为有缘，数次来南京，三度在南京生活。景祐三年（1036年）他全家随做官的父亲王益定居江宁。宋仁宗嘉祐八年（1063年）十月奔母丧回江宁，第二年服丧期满因病停留，在江宁讲学。晚年则在南京定居，购房置业。

少年时，王安石在老家临川城内读书，红花绿树，读书的环境优美。《闲居遣兴》一诗记录了当时的情形："惨惨秋阴绿树昏，荒城高处闭柴门。愁消日月忘身世，静对溪山忆酒樽。"16岁时王安石来南京生活，在江宁的家中闭门苦读5年，"桃花石城坞，饷田三月时。柴门常自闭，花发少人知"。靠刻苦学习，王安石阅读了大量典籍，为他日后高中进士，出仕拜相，治国安邦奠定了基础。

在王安石16岁时，他的父亲出任江宁知府，全家人随父亲定居南京。过去为官，经常调动、迁徙，一般以租房为主（租用官府房屋是不要付房租的，属于分配房；如果征用民间房屋，租房费可以由官府支付）。而且王安石的父亲尽管是江宁知府，是市长级的官职，但在北宋时期官俸有限，要养活全家老小，再置地购房，仍然不容易，因此笔者推测王安石全家首次居住南京，应该是住在官府为官员配备的房屋。父亲王益虽然是江宁的父母官，但他为官清廉，注定没有横财，富裕不起来。全家十几口全靠王益一人官俸，非常吃力，维持生活尚可，想有积蓄就很难了，因此王益一生也没有置买产业。

宋仁宗宝元二年（1039 年），王安石 19 岁，父亲病逝于江宁任上，年仅 49 岁。王安石葬父于南京牛首山，自此居丧守制，挂孝三年。因为王益的官俸是王家主要经济来源，王益的离世无疑对这个家庭是一个沉重打击。[1]王家陷入经济困窘，无奈只好遣散仆人，节衣缩食，靠很少的积蓄艰难度日。

后来王安石离开南京到东京（今开封）上任，江宁的老宅一直保留着，但是没有维修。笔者分析是因为房屋原本就非常简陋，没有维修的必要。到了熙宁七年（1074 年）5 月 3 日，原任礼部侍郎、平章事、监修国史的王安石被贬为吏部尚书、观文殿大学士，知江宁府。同月下旬，王安石与一家老小回到江宁府时，东城的老宅已经破败不堪，风雨飘摇，只好暂时居住在知府衙门内。

家境贫寒无力置业

早年王安石家境贫寒，父亲王益为官清正，不媚上，不欺下，上司不法，辄据理争；豪强不驯，每予严惩，对于普通百姓则未肯重罚。[2]如此秉性，如此操守，自然不容于权贵豪强，升迁困难，收入微薄，一生清廉，壮年就去世，没有留下多少遗产。

由于两位兄长无能为力，家庭的经济负担长期压在王安石身上。王安石做地方官时，数次辞退调任京官，原因在于京官穷，俸禄还不如地方官。他在舒州任上，欧阳修等人向朝廷推荐王安石，但是王安石不领情，以家贫亲老为由，不肯就职。他在《乞免就试状》中说："伏念臣祖母年老，先臣未葬，弟妹当嫁，家贫口众，难住京师，比尝以此自陈，乞不就试。"

辞就京官，固然有政治因素的考虑，但是经济因素也是很重要的。宋代小京官俸禄微薄，养活一家数十口，确实困难。多年来，王安石面对朝廷的调遣，往往以家累重为由，只愿做地方官，而不愿意去京城做京官，主要就是因为做地方官有相对较多的收入，加上地方物价较京城低，从而能维持一家数十口的生计，这是其一；王安石有远大抱负，他把在基层为官作为了解民情、了解社会的一种历练，这是其二。一直到了 40 岁，在积累了地方官的丰富经验，自己一家生活也相对稳定之后，王安石才出任京官，去中央政府任职，实现他的变革主张，实施他的新政。[3]

做地方官，相当于如今县长之类的县级干部，王安石仍然肩负家庭经济负担，买不起房，更不要说豪宅了，全家仍然居住在官府提供的公家房屋里。以王安石这样的身份尚且如此，我们社会现在要求工作不久的年轻人拥有房产，显得多么的不切实际！试想在女方提出没房就分手的巨大压力下，倘若不能把握人生的方向，手中有点权力的官员就只有贪污受贿，才能在短期内获取百万元不义之财，买房娶妻；没有权力之便且没有高薪的年轻人，就可能涉足诈骗、制假、抢劫、贩毒、走私等可获取高利润的犯罪行为，危害社会，最终毁了自己的锦绣前程。

所幸王安石所处的年代，女孩子及其娘家，乃至整个社会潮流，看重的是男方的人品、才干、功名及其未来的发展，而不是紧紧盯着眼皮底下的利益，也没有从房子的门缝里看人。王安石有自己远大的理想，他不为官职大小所动，不为财产多少诱惑"行动"，不贪财不好官，他把每一次地方工作的实践作为人生的磨砺，积蓄力量，积累经验，等待日后的大展宏图。

在京住宅由简舍到府邸

王安石的仕途生涯从庆历元年（1041 年）开始，这年王安石离开江宁北上入京应试，进士第四名及第。先是做了多年的地方官员，如签书淮南（扬州）节度判官厅公事、知鄞县（今浙江宁波）事（知县）、舒州（今安徽潜山）通判、开封群牧司判官、知常州事（知州）、提点江南东路刑狱公事等职，做地方官有十六七年之久。一直到嘉祐三年（1058 年），北宋政府召王安石到京城，改任为三司度支判官，王安石开始进入北宋中央政权。

王安石到东京做官，官越做越大，最后拜相，主持朝政，推行变法。在王安石一生中，他几起几落，也曾两度被贬江宁（南京）。

宋代官员迁转的频率很高，王安石也有过这样的经历，从嘉祐二年（1057 年）七月到达常州，还不到半年，就转任提点江南东路刑狱。在江南东路巡视，王安石居无定所，四处奔波。

嘉祐七年（1062 年）八月，王安石母亲吴太夫人在京城去世，按照规定，官员父母去世官员要守孝三年。于是王安石辞去知制诰官职，扶灵柩回到江宁。在江宁读书，谢绝朝廷征用。宋英宗驾崩，太子赵顼继位，熙宁元年（1068 年）王安石被宋神宗赵顼起用，先任江宁知府，半年后被召入京，两年后被任命为参知政事（即副宰相），开始变法。

位高权重的王安石，此时居住条件也得到改观，非以前的小官吏可比。因为对王安石器重，宋神宗赐一处官邸给王安石。他的府邸坐落在东京城西，门房七间，有奴仆当差，前堂七间，为待客和日常聚会之所，后寝七间及穿廊两侧十间相对的耳房，为王安石一家居住。他的弟弟王安礼、王安国当时也在东京为官，都居住在王安石府邸。[4]

在南京购房安度晚年

在多年的仕途生涯中，王安石非常廉洁，经济状况并不富裕。一直到 41 岁出任知制诰（掌管皇帝起草命令、文告之类文件，相当于秘书长），随着官位的升迁，俸禄也水涨船高，这时候，王安石不再为京城米贵难以养家而发愁，开始有余钱。即使官职升迁，俸禄增加，王安石生活仍然很节俭。在宋神宗未赐官邸之前，家舍简陋，生活寒酸，连仆人也用得甚少。有了官邸之后，他的居住条件才得到改善。

王安石的俭朴在北宋是出了名的。神宗皇帝知道他家贫，在他退位后，多次派人送钱给他，当时王安石都转手送给了寺院，他自己不蓄家财。

熙宁九年（1076 年）十月，王安石第二次罢相之后，回到江宁府居住，王安石的职位由左仆射、兼门下侍郎、平章事、昭文馆大学士、兼修国史罢为镇南军节度使、同平章事，到判江宁府，官位落差很大，而且这时候他的儿子早于一年前病逝于京都，对王安石打击甚大。宦海沉浮，王安石也渐有感悟，他想在此安度晚年，颐养天年。八九个月后，他连判江宁府也辞掉了，无官一身轻。

为官多年，奔波半生，四处居住，却没有属于自己的立锥之地。做官时，依据官位大小，官府配置不同规格的府第；官罢了，公家的府第自然也要交出来，交付继任者使用。过去因为贫穷，没有积蓄，现在不做官了，官府不再分配房屋，只有自己买房居住，否则岂不是要沦落街头？而且好在为官多年，也稍有积蓄，王安石开始在南京置地购房。

宋初就制定了"不立田制"和"不抑兼并"的政策，允许土地自由买卖，目的是使贫富变迁可以靠个人努力来实现。[5] 王安石任判江宁府时，买卖土地更是便利。经过实地考察、比较，王安石相中了江宁府城东门和钟山的正中间一个名叫白塘的地方，他在此修盖了几间房屋，因为此地距城东门 7 里，距钟山也是 7 里，正好在入山的半途，故取名为"半山园"。

王安石半山园故居（黄强摄）

照片摄于1993年，当时笔者去海军指挥学院采访，在军方的陪同下，才得以一睹王安石故居的风貌。如果半山园故居可以对外开放，无疑将给南京名人故居文化增添一处非常好的景点。大概在南京文化名人故居中，半山园是年代最早而且仍在原址重修的一处，其他的如王谢故居，都不是原址建设。

王安石非常重视生态环境，半山园乃是王安石实践他讲究居住生态，以山为伴，附近有人文景观的置业实验之作。

半山园处于荒郊野外，无遮无挡，王安石之所以选择这里，因为这里空旷，一望无际，视野开阔。空气特别新鲜，"而无车马喧"，没有尘世的污染。在半山园以北不远的地方，有一个土骨堆，相传是东晋谢安的故宅遗址，一直被叫做谢公墩，[6]这是王安石经常寻古访幽的地方。附近还有孙权墓、宝公塔。

房屋盖好以后，王安石又在房屋周围种植了一些树木，并且凿渠决水，把经常积水的洼地疏浚为池塘，做成了一个家园的模样。王安石《示元度》（又名《营居半山园作》）一诗记录了他修筑半山园，自己设计园林的经过：

今年钟山南，随分作园围。凿池构吾庐，碧水寒可漱。

沟西雇丁壮，担土为培嵝。扶疏三百株，蒋楝最高茂。

不求鸠鸽实，但取易成就。中空一丈地，斩木令结构。

五楸东都来，所以绕檐溜。老来厌世语，深卧寒门窦。

赎鱼与之游，喂鸟见如旧。独当邀之子，商略终宇宙。

更待春日长，黄鹂弄清昼。

对于自己盖房建园的劳作以及选择此地的眼光，王安石很是得意，此时的王安石已非当年意气风发的王安石。他已将兴趣由指点江山、激扬文字转变为寄情山水。《续建康志》有云："所居之地，四无人家。其他仅蔽风雨，又不设垣墙，望之若逆旅之舍。有劝筑垣。辄不答。"可见，其对半山园不设围墙，过于简陋，持批评态度。如果拿半山园与其他著名的私人园林比较，半山园确实显得寒碜，与奢华更搭不上边。其实半山园的营造，追求的是环境之美，以周围的人文景观、山林之幽来衬托它的超然脱俗的意境。破墙透绿，以树木作为无形的墙，实在比严实的砖石围墙更能体现与自然环境的浑然一体。

百亩中庭半是苔，门前白道水萦回。爱闲能有几人来？

小院回廊春寂寂，山桃溪杏两三栽。为谁零落为谁开？

（《浣溪沙》）

居住在这样环境的房屋之中，心胸开阔，对于抚慰受伤的心灵实在是大有裨益。

钟山定林寺，距离半山园7里地，凡是不到别处旅游的日子，王安石就到定林寺去。那里有一所专供王安石居住的房子，他经常在这所房子里读书著述或接待来访的客人。著名书法家米芾就是在这里与王安石相识，他为这所房子取名为"昭文斋"。

钟山山麓的定林山庄（黄强摄）

定林寺有两处，一在钟山，一在方山，王安石当年在定林寺设有昭文斋，也就是他的书房，他在此写作、接待友人的来访。王安石咏"定林所在"（即昭文斋）诗云："屋绕湾溪竹绕山，溪山却在白云间。临溪放艇依山坐，溪鸟山花共我闲。"

王安石平时出门很是随意，没有排场，仅带一两个随从、书童，有时骑马，有时骑驴。马是神宗皇帝赐的，驴子是自己买的。后来马死了，王安石就专骑小驴。游览寺院，进城则乘一舟泛湖沟而行，不骑马，不坐肩舆。有时也会乘坐"江州车"，自己坐一厢，同游的朋友坐另一厢。如果没有朋友同游，就由书童、仆人乘坐。[7]

寄情山水，坐看钟山

王安石晚年退居江宁10年，寄情山水，尤其偏爱钟山景色。住所半山园距离钟山7里，常去的定林寺就在钟山风景区内。天天游钟山，日日赏风光，居住坐爱钟山景，久看钟山不厌倦。

颓败的半山亭（摘自《金陵佛寺大观》）

历经多年岁月的侵蚀，王荆公当年留下的历史文化遗存已经严重受损，图片记录下来的是残照，最终还是没有留下文物的实物，给了我们许多遗憾。

涧水无声绕竹流，竹西花草弄春柔。

茅檐相对坐终日，一鸟不鸣山更幽。（《钟山即事》）

水际柴门一半开，小桥分路入青苔。

背人照影无穷柳，隔屋吹香并是梅。（《金陵即事》之一）

看风景因心情不同，对景物的感受自然亦有差别。曾经叱咤风云的政坛主帅王安石，远离了朝堂，淡出了官场，此时回看钟山，多的是一份淡定、一份宁静、一份平和。

径暖草如织，山晴花更繁。纵横一川水，高下数家村。

静憩鸡鸣午，荒寻犬吠昏。归来向人说，疑是武陵源。

（《即事》）

在王安石笔下，钟山日暖花繁，鸡鸣犬吠，俨然是一处世外桃源。这是描写山村景色和作者闲适生活的诗歌。

春风取花去，酬我以清阴。翳翳陂路静，交交园屋深。
床敷每小息，杖屦或幽寻。惟有北山鸟，经过遗好音。

（《半山春晚即事》）

林深树高，枝繁叶茂，山路幽静，每日探访树林之幽，寻觅古迹，成了王安石最喜爱做的事。半山园距钟山如此之近，乃是一处观赏风景的绝妙处所，而且抬头看山，低头赏花，走进自然，倾听鸟鸣，令人忘记烦忧，快乐无边。王安石为自己修筑半山园而欣慰，一方面为官半生，退隐之时，终于有了一处休憩之所；另一方面，修筑的半山园，确是一处人居环境极佳的房屋。

这里有个插曲，王安石居江宁时，苏轼曾来拜访。元丰七年（1084 年）四月，苏轼由知黄州（今湖北黄冈）改知汝州（今河南汝州市），途中路过金陵，特意去看望了王安石。他非常羡慕王荆公的田园生活，欲在江宁买地盖房，效仿王荆公的生活。苏轼在《上荆公书》说："某欲买田金陵，庶几得陪杖屦（侍奉左右），老于钟山。"[8]他们还同游了钟山，作诗吟诵。

捐土地房产给寺院

除了半山园，王安石在上元县境还购置了若干亩荒田熟地。元丰七年春季，王安石患了一场重病，神宗派遣太医前来诊治。王安石病愈后，对于几年以来所经营的半山园和附近的几百亩田产，觉得全是一些累赘，就向宋神宗赵顼陈报，把半山园改作僧寺，并由赵顼命名为"报宁禅寺"[9]，把在上元县境所购置的荒田熟地一律割归钟山的太平兴国寺所有。根据《明太祖实录》卷一三九记载："洪武十四年九月己亥，改建蒋山太平兴国禅寺为灵谷寺。"也就是说今天钟山景区的灵谷寺就是太平兴国寺的前身。[10]

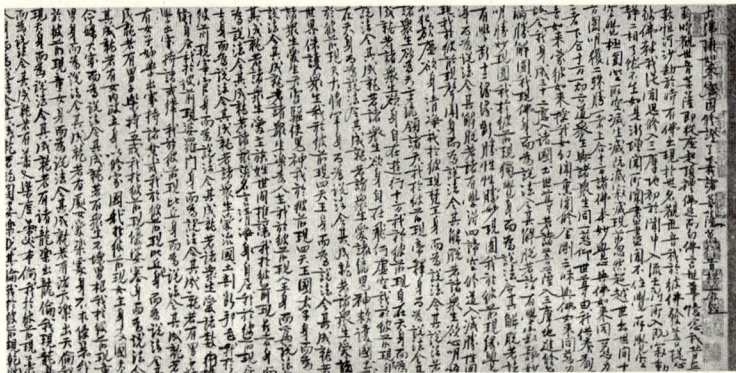

王安石书法《楞严经》

王安石信佛，佛学对他影响很大，他有许多寺院朋友，与他们交往甚密，晚年更是舍宅为寺。

这年秋天，王安石一家就在江宁城内的秦淮河畔租了一个小小的独院居住。由于年龄与身体的原因，王安石不再造园建宅，而是种植一些果蔬，怡然自乐。因为南京夏季炎热，小院窄小，无地乘凉，王安石就自己动手搭设棚架遮阴，"火腾为虐不可摧，屋窄无所逃吾骸。织芦编竹继栏宇，架以松枝之条尾"。他对居住要求变得更加淡泊，无所谓豪华与简朴，有一床之地可以居住即可。

王安石死后葬于南京，那么墓地究竟在何处？有说葬于半山园，有说迁葬于江西临川老家。2009年9月底，南京文物部门在南京江宁将军山南麓发现了王安石父亲王益墓以及王安石大哥王安仁的墓，两墓相距五步。宝元二年（1039 年），王安石 19 岁时，父亲王益病逝于江宁知府任上，年仅 49 岁。死后葬于南京牛首山。王安仁去世时年仅 37 岁，也葬于江宁。宋代的牛首山包括今天的将军山。王益去世后，唐宋八大家之一的曾巩应王安石邀请，撰写了《尚书都官员外郎王公墓志铭》。王安仁去世后，王安石撰有《亡兄王常甫墓志铭》，墓志铭中说"墓在先君东南五步"。王安石父兄墓地挖掘出土了两方墓志，据说铭文与文字墓志铭一致。

虽然至今没有发现王安石的墓地，但专家推测，王安石的墓地也应该在王益、王安仁墓地附近。[11]

七、王安石故居锁在深闺无人识

从熙宁九年（1076 年）十月，王安石第二次罢相回归南京，到宋哲宗元祐元年（1086 年）四月王安石去世之日为止，他在南京住了将近十年光景。他不仅写下了许多歌咏钟山的诗篇佳作，还留下了物质遗产——半山园，从置业的角度讲，半山园也是宋代私有房屋的一个典型。

王安石的故居——半山园保存至今，文物部门曾几度修缮。故居在今天南京中山门内的海军指挥学院里，因为是军事管制区，市民参观多有不便。大概也正是因为处在军事管制区，"文革"期间，半山园才侥幸躲避了冲砸，得以保存。

20 世纪 90 年代，笔者在新华通讯社江苏分社旗下媒体做记者，当时做半山园的报道，在海军指挥学院新闻干事祖六四的陪同下，来到了半山园，但是也只是看到房屋外观，而未能进入半山园的内部。

锁在深闺无人识，半山园的状况就是如此，如果有关部门能将北宋名相王安石的故居半山园修缮，添置王安石的生平介绍、诗文展示，对外开放，无疑给人们了解钟山文化、名人文化打开了一扇窗，对于人们了解北宋时私有房屋的建筑风格也会大有裨益。

南京名人故居中，民国时期的文化名人遗留下来的故居建筑较多，而清代以前的年代，宋代、明代文化名人遗留下来的故居建筑非常少，明清时期李渔的芥子园、袁枚的随园，都只有历史记载而无建筑实物遗存。北宋时期的故居，保存完好的，唯有王安石的半山园，因此这所遗存显得尤为珍贵。不仅仅因为历史久远，更是因为王安石是中国历史上的重量级人物，文学成就也很惊人，历史地位、社会影响远胜于李渔和袁枚。

[注释]

[1] [2] 徐文明：《出入自在——王安石与佛禅》，郑州：河南人民出版社，2002年，第15、17页。

[3] 张白山、高克勤：《王安石及其作品选》，上海：上海古籍出版社，1998年。

[4] [5] 张宏杰：《锐吏王安石》，沈阳：辽宁画报出版社，2001年，第15、134页。

[6] 邓广铭：《王安石——中国十一世纪时的改革家》，北京：人民出版社，1975年，第204、206页。

[7] [9]（清）蔡上翔：《王荆公年谱考略》，上海：上海人民出版社，1973年，第320页。

[8]《苏东坡集》，第13册第11卷，转引自张白山、高克勤：《王安石及其作品选》，上海：上海古籍出版社，1998年，第114页。

[10]（宋）王安石：《乞将田割入蒋山常住劄子》，载（清）蔡上翔：《王荆公年谱考略》，上海：上海人民出版社，1973年，第320页。

[11] 陈英：《王安石父兄墓 将军山相继"露面"》，载：《现代快报》，2009年10月29日，B24。

六　朱之蕃、米万钟、严嵩、张居正置业

王安石半山园遗存得以保留下来是不幸中的幸事，假若能够对外开放就更好了，笔者如此倡议，也是希望能使更多的人了解王安石，了解半山园。很多年来，对王安石的改革颇多非议，明代"三言"、"二拍"中有小说专门攻击、诋毁王安石，称他为"拗相公"。改革不免受到抵制、诋毁、攻击，甚至是暗杀或杀害，这是历史规律。

明代文人府邸置业的社会背景

明代社会是中国封建社会由汉人统治的最后一个朝代，在这个时期出现了资本主义萌芽，社会形态、城市经济、市民文化得到空前发展，商品流通趋向繁荣，与置业有关的土地、房屋交易被激活，处于一种上升的态势。明代话本小说、拟话本小说、世情小说都记录了商业繁荣的情况，虽是小说，却是当时社会生活状态的写照。从整个社会的情况来看，置业经济在明代受到重视的是庄田与府邸（府第）。

在封建社会里，官僚和地主是两个占据社会统治地位的阶层，大量的财富集中在他们手上，在整个社会经济活动交易量方面，他们占有绝大的比例。官僚与地主都有其大家庭，还占有奴仆，幕僚或管家等服务性人员需要大量的居住房屋，因此他们的宅第大多是多进的院落式或重叠式建筑群组，形成田庄的规模，而整个居住的村落又形成一个更大的田庄。在城市，院落式的

建筑群成为府第、府邸，在农村成为田庄。而明代称田庄为庄田，庄田内包括房屋、田地，按照现在的话讲即为地产和房产。

《明代圃田图》

《三才图会》地理卷十六云："圃田，种蔬果之田也。《周礼》以场圃任园地。注曰：圃树果蔬之属，其田绕以垣墙或限以篱堑负郭之间，但得十亩足，赡数口若稍远城市，可倍添田数，至半顷，而止结露。"种植圃田的农民称为菜农、果农。从此图可以看出，圃田周围就有房屋。

明代重视庄田置业是有其历史因素的。明代朱元璋得天下，建立大明王朝，得益于徐达、常遇春、汤隆等武将和刘基、宋濂等文臣的支持。明朝开国后，奖励功臣，大封异姓王，并以赐地为奖赏。《中国大百科全书·中国历史卷》关于"明"代的词条就明确指出："皇帝、王公和一般地主继续占有广大的土地，亲王、勋贵之家不仅有赐田和赐佃，而且凭借权势扩展自己的土地，明成祖朱棣曾在北京的黄垡建立其明朝的第一座皇庄。"[1]

明代的庄田在上层社会就分为皇庄、王府庄田、勋贵庄田三大类。皇庄是皇室直接经营的庄田。明代除皇帝庄田外，还有皇太后、皇太子庄田。[2] 对于皇帝的子嗣，则分王拜爵，赏赐土地，明代各亲王的庄田，称为王府庄田。[3] 对于有功人员的赐赏，因为授爵而拨赐的庄田，世称"给爵地"，即勋贵庄田，勋贵指勋臣（武将功臣）和贵戚（皇亲国戚）。[4]

"庄"的含义，原指地主占有一片田地，或占有许多片田地，按照阡陌相连的一片，组成一个农业生产单位，通称为一个"庄"。[5]庄所在的区域或地方，在田的基础上建有用于居住、生活的房屋，配套的辅助设施，或有山岭、河流、水塘和沟壑等地理条件自然分隔，或以栅栏、树木人为分隔，形成相对独立的村落、庄户，就可称为庄田。

由于经济地位的不同，所处阶级的不同，明代经济富裕的大户人家，上层官僚阶级的家庭或家族对房产置业的标准也与老百姓的迥异，他们追求的是大规模、豪华气派，良田百顷甚至千顷，房屋连片，鳞次栉比，形成庄园，小桥流水、楼台亭阁贯穿其中，花团锦簇，歌舞升平。而市井阶层的富裕人家，经济实力不够雄厚，或者社会地位不高，因为明代政府对房屋的等级规定还是存在的。[6]《明史·舆服志》室屋制度规定：一品二品厅堂五间九架，三品五品厅堂五间七架，六品至九品三间七架，不许在宅前后左右多占地，构亭馆，开池塘。庶民庐舍不过三间五架，不许用斗栱，饰彩色。他们起初置业只能选择单个的房屋，如住宅房、商铺的购置，伴随着获得的社会地位、经济地位和政治地位逐步扩大。[7]

明代属于封建社会的末期，保留了封建社会的收敛性特点，因此，尽管明中叶等商业经济繁荣，但是在传统思想指导下，大多数地主、官僚阶层依然看重对广置田地的传统置业，疯狂地扩大、兼并土地、建设田庄，就整个社会和时期来说，明代置业是重土地、重庄园、重府邸。

若干官僚、地主原本就是文人

上文交代了明代置业经济的情况，并没有说到文人，读者或许会感到困惑，本书说的是文人置业，却大谈官僚、地主与庄园，似乎与文人没有关系。其实这是误解，因为明代的很多官僚、地主本身就是文人。如明初的开国功臣宋濂、刘基，是政治家，也是文学家，均文采斐然。作为三朝内阁首辅的杨士奇同样是当时的文坛领袖，明孝宗、明武宗时首辅（宰相）李东阳是茶陵诗派核心人物，明代文坛盟主王世贞官至刑部尚书，他们在朝为官是股肱之臣，出外是封疆大吏，士人阶层则以文名著称，执文坛牛耳。文士、文人、官员、高官，时常难以区分。明代有一个规矩，入内阁非翰林不可，而成为翰林，必须是进士的前三甲（状元、榜眼、探花），或者再考，授庶吉士。能中进士已经非常了不起，由进士成为翰林，更是了不得。成为翰林文章辞赋词曲都要精通，已经是文采飞扬的文人。

万历首辅张居正，是明代中期的重臣，其推行的一条鞭法，对于复兴明中叶经济作用很大，张居正以政治闻名，掩盖了他的文学才能，其实，张居正文采斐然，著有《张居正集》。[8]王阳明的理学思想对后世影响甚大，在明中叶他却以政绩、战功著称，平定藩王朱宸濠叛乱，他功劳很大，官拜南京兵部尚书，封新建伯。[9]大书法家、鉴赏家董其昌官至礼部尚书，也是松江地区的大地主，文人画的广泛影响得益于董其昌的倡导。明代权臣奸相严嵩，也是进士出身，是位翰林，同时是一位擅长青词撰写的文人。

文人入仕，则为官，善于经营，就可能积累财富，置地购房，富甲一方。辞官退隐，则成为当地的大地主。董其昌的经历可以作为明代文人与官僚、地主一体化的代表。

明代著名的政治家徐阶也是横行乡里的大地主，即使退仕也依然有巨大的政治势力。而且明代城市商业虽然繁荣，但是在农村社会，土地收入始终是传统绅士的主要收入来源之一。晚清保守思想家曾廉喻曰："天下犹一身也，土地犹骨肉也，货财犹精血也。"[10]

地主、官绅、绅商对土地、庄园的占有、置业非常疯狂，当时在江浙一带，豪绅地主的土地"阡陌连亘"，或"一家而兼十家之产"。南安、赣州两府富豪大户，不守本分，吞并小户田地，四散置为庄所。严嵩父子在家乡占地，囊括袁州一府四县土地数额的7/10，还在南京、扬州广置良田美宅。徐阶父子在松江占地24万亩，奴劳役佃户不下万人。

亲王、勋贵、官僚与世袭地主占有土地，疯狂构建庄田，世俗地主、新兴商人极为嫉妒，随着商业经济的繁荣，明中叶以降，商人的地位得到提高，他们也开始疯狂侵占、买卖土地，买房置业，营造田庄、府第。刘敦桢先生说北京"米商屋宇多达至千余间，园亭瑰丽；江苏泰兴季姓官僚地主家周匝数里"；"浙江东阳官僚地主卢氏住宅经数代经营，成为规模恢宏开阔、雕饰豪华的巨大组群"。[11]

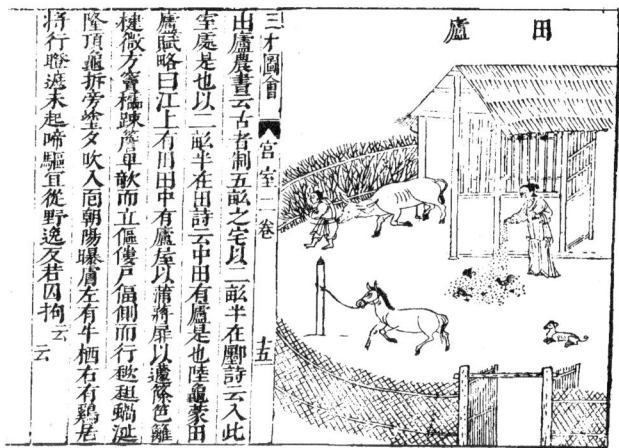

《明代田庐图》

《三才图会》宫室卷二云："古者制，五亩之宅，以二亩半在廛。……陆龟蒙《庐赋略》曰：江上有田，田中有庐，屋以菰蒋，扉以篷簅苞篱。"有田、有房，依靠耕种自给自足，五谷丰登，人丁兴旺，就是老百姓的田庐生活。土地一向是人民的依靠，衣食父母，房屋是人们立足生存的根本。

《明清徽商资料选编》还记述了明清时期徽商经营商业、置办地产的情况：明代新安商人许竹逸在江南一带经商十余年，"资益大起"，遂"广营宅，置田庄，以贻后裔"。明代歙县商人王友榄，"商于庐"，"家渐饶裕"，于是"买田千余亩，构屋数十楹"。[12]

没有土地就没有立足之本，只有具备了乡绅地主的特点，占有土地，以土地出租，获得土地收入，才能使行商致富的商人有政治上的权力。为了实现这样的目的，几乎每一个事业发达的商人在经营的同时，都会购置土地、田庄、府第和房屋，完成他们角色的转化。

明清时期城市较前代有了更大的发展，不仅体现在城市数量的增多上，城市的经济也趋向于繁荣。由于地理、文化的影响，大体上以秦岭和淮河流域为界，形成了南北两种不同的住宅风格，"汉族住宅除黄河中游少数地点采用窑洞式住宅以外，其余地区多用木构架系统的院落式住宅"。"北方住宅可以北京四合院住宅为代表，而在南方住宅中，长江下游的院落式住宅，又与浙江、四川等山区住宅及岭南的客家住宅、少数民族住宅具有显著的差别。"[13]

宅园就是建于宅第之旁的园林。在封建社会里，官僚和地主都有其大家庭，还有婢仆等，需要大量居住房屋，因此他们的宅第是多进的院落式或重叠式建筑组群。[14]

昆山锦溪老房屋（黄强摄）

苏州的老城区、老街巷至今还保留着明清时期的房屋结构和街市格局，在周庄、锦溪、同里都有这种风格的房屋。包括世界文化遗产同里退思园在内，原生态的明代建筑已经没有了，保留下来的都是清代修建或修缮的明代风格建筑。

朱之蕃建房安居乐业

文人官员除了他们的文人身份、社会名望，还有官员的人脉资源、财富来源，这给他们置地建房带来很多便利。因此，文人官员广置田庄、府第就不足为奇了。位于南京莫愁路上朱状元巷32、34号的朱状元故居就是一例。

朱之蕃（1548—1626年），字元介，山东茌平人。明代万历二十三年（1595年）状元及第。入翰林院，官至礼部侍郎。曾于万历三十三年（1605年）出使朝鲜。后来辞官来到南京落户，建府邸。

朱状元府，起建之初规模颇大。东至仓巷，北至丁家巷，西至古巷（今莫愁路），都属于朱状元府的范围。当年的朱状元府邸巷前砖石雕刻牌坊，府内有花园，楼台亭阁，小桥流水。据文献记载，原府邸为多路数进，厅房数进，仅跑马楼就有7座，其规模之宏大，可见一斑。2010年前朱状元巷保留的朱状元故居，系清代重修，其二路三进的格局已经比明代当时的规模缩小了很多。"第一路32号仅存大门，面阔三间11米，进深9.25米，高7.6米。34号现存有门厅、轿厅、大厅三进，每进两侧有廊相接。门厅面阔三间12.8米。进深4.65米，高6.5米，大厅面阔亦三间12.8米，进深9.8米，高8.9米。厅堂高敞，用料粗壮，雕刻细致。"[15]

正在拆迁的朱状元巷（黄沐天摄）

朱之蕃的状元故居位于南京仓巷朱状元巷32、34号，因朱之蕃曾获得过状元而得名。与历史上的宏大规模相比，保留下来的朱状元故居非常简陋、寒酸，不仅规模缩水，其环境也破败，没有一点大户府邸的气质，书香门第的氛围。十多年前还有居民居住在故居里面，对朱状元故居的破坏可想而知。尽管如此，毕竟还保留了一些遗迹。而2011年3月的拆迁，使得400年风雨侵蚀残留下来的故居遗迹也荡然无存，朱状元巷成为南京消失的老地名。

朱状元寓居南京后，专心著书立说，少问朝政，著有《南还杂著》等，刻《玉山名胜集》，校刊《全唐名家诗集》等。朱状元也擅长丹青，吟诗作画乃是他的所爱，也是他的所长。朱状元府规模大，投资不菲，其置地购房费用何来？虽然朱之蕃官职不低，但是由于事迹不彰，文献匮乏，没有查找到相关的记录，不免遗憾。

中国科举制度自隋朝大业元年（605年）始，终于清代光绪三十一年（1905年），[16]出过数百名状元，但有文采、有著作、有成就的状元并不多。朱之蕃虽然不如文天祥之有气节、有文名，也不如张謇发展实业、教育事业，社会影响大，也没有秦桧残害忠良恶名在外的卑劣行为，但因为他正直，不与朝中权贵同流合污，辞官隐居，于书斋钻研学问，并有著作行世，因此在数百名状元之中也算是有成就的人物,《四库全书总目提要》中收录有他的诗词书画作品。

米万钟构筑私家园林

明朝北京的名园不下 20 处,城郊别业更多。但因为年代久远,或者荒废,或者经过了清人改造,已经没有保留下来的,只有通过历史文献,方能窥见当年的大体风貌。

在明代私家园墅中,位于北京西郊的勺园还是挺有名气的。勺园的主人米万钟也是一位文人,尽管不能与大文豪相比,但是他年少时就以文章翰墨著称,符合本书体例中文人的标准。

米万钟,字仲诏,宛平县人,祖先是陕西省安化县人。因性好奇石,用"友石"为好,不但喜画石,也工于画山水。他曾在京都和西郊建有三园:漫园、湛园和勺园,其中以勺园为最。[17]

勺园其实并不是很大,占地百余亩。可能读者会惊诧,为什么百余亩的面积,笔者还说不大。与今天的一线城市寸土寸金的土地价格相比,百余亩已经够大了。我们应当看到勺园的建设是在五六百年前的明代社会,当时人口不及如今的十分之一,百十亩私家园林的规模就是一个小数目。与前面提及的王维辋川别业相比,就太小儿科了。

对于勺园的景色,《春明梦余录》记载:"园仅百亩,一望尽水,长堤大桥,幽亭曲榭,路穷则舟,舟尽则廊,高楼掩之,一望弥际。"百十亩的面积,也可以筑出精品。水、亭、桥、廊互相映衬,水中有舟,人们可以泛舟湖上,沿途赏景。有路走路,无路以舟代步,步入长廊,移步换景,妙趣横生。

《帝京景物略》卷五、《日下旧闻录》卷二十二都有勺园的记录。

米万钟勺园布置想象图局部（摘自《中国古代园林史》）

米万钟绘有《勺园修楔图》，得以保留勺园的风貌。

湛园，位于北京西郊。据《燕都游览志》记载，湛园里的景点与建筑有："石丈斋、石林、林仙籁馆、茶寮、书画船、绣佛居、竹渚、敲云亭。曲水绕亭可以流觞，即以灌竹。竹外转而松关，又转而花径，则饮光楼在望，众香国盖其下也。别直径十数级，可以达台，是为猗台，俯瞰蔬园。"[18]

严嵩家乡广置房产

说到严嵩，人们知道他是权臣，官居明代内阁首辅（相当于今天的内阁总理），是历史上臭名昭著的奸臣。严嵩弄权不假，是大官僚，但是严嵩的青词写得也很见功力，在奸相的恶名之外，他也属于文人。"孔雀虽有毒，不能掩文章"，文人之中有铮铮铁骨、品格高洁的君子，也有献媚奉承、溜须拍马的小人。严嵩不仅仅是奸佞小人，更是危害朝野的大恶人。

当然我们探究文人置业历程，没有必要回避严嵩。不过他的置业主要依靠其炙手可热的权力，通过贪污受贿，进行权钱交易获得，也就是说他金钱的获取渠道本身就不干净，置地购房更是一桩桩肮脏的交易。

严嵩（1480—1567 年）是明代的权贵大臣，官至少傅兼太子太师、华盖殿大学士，与其子严世蕃把持朝政近 20 年，广结党羽，操纵国事，贪赃枉法，贪污腐化，明世宗嘉靖四十四年（1565 年）三月，被削籍抄家，其子世蕃及其党羽伏诛。两年后老病，寄食墓舍以死。

严嵩弄权时，士大夫侧目屏息，惟其马首是瞻，行贿者络绎不绝。他与其子大肆收受贿赂，搜刮钱财，其家产富可敌国。《天水冰山录》中记录了严嵩被抄家产目录，笔者留意其中房屋籍没收的情况。

严嵩在全国许多地方购置了房产（也可能是他人为了牟利，向严嵩行贿进贡的礼物），《天水冰山录》记载，在南昌府南昌县属于严嵩的房产就有：

广润门内大土楼房 3 所，估银 6 500 两；

忠臣庙联璧坊铁柱等处（共屋 285 间），估银 5 300 两；

广润门外南浦驿递香巷新街（共屋 200 间），估银 5 000 两；

惠民门内福神庙衮绣坊等处（共屋 385 间），估银 4 000 两；

惠民门外蓼洲等处（共屋 54 间），估银 1 900 两；

进贤门外百福寺司马庙（共屋 230 间），估银 5 920 两；

顺化门内弸教坊道德观（共屋 78 间），估银 2 400 两；

大街空市基一带，估银 478 两。[19]

江西省城内有大府第、大楼、花园池亭等房产，南昌地方宅第楼铺 12 所，共 1 680 间，估银 47 496 两；袁州府宅第房店 19 所，共屋 3 343 间，估银 2 163 两 2 钱；分适宜县第宅房店 20 所，共屋 1 624 间，估银 16 647 两 6 钱；各处房屋基地，估银 86 350 两 8 钱。

此外，严嵩还在南昌县、新建县、宜春县、分宜县、萍乡县、新喻县、清江县、新昌县等处霸占田地山塘，估银 44 493 两 4 钱多。[20]

《天水冰山录》中分列的房屋、田地、山林和水塘很多，这里仅仅列举了十多项，已经触目惊心。

明代权贵收受贿赂，修建宅第、府邸、别业，并不是严嵩一人，而是当时社会的一种风气。从至高无上的皇帝开始，就开皇店，扩充皇庄，到了朝中掌权大臣，更是变本加厉，搜刮民脂民膏。明代许多大官僚都是大地主，占有大量土地和佃户，建有奢华的庄园或府第。

张居正的豪华府邸

明代社会官员贪污成风，修建豪华府邸，追求奢华也都是潮流。明中叶以降，这种风气尤甚。

明神宗时的首辅张居正曾是小皇帝万历的帝师（皇帝的老师），万历皇帝对张居正很是尊敬，听说张居正要改建住宅，增修一座阁楼以便悬挂御笔，于是亲自下令，由内库拨发白银 1 000 两以为资助。修建一座小楼要花费 1 000两银子，这是怎样的楼？其奢华可想而知。事情并没有到此为止。黄仁宇先生告诉我们，张居正去世后，万历皇帝听说北京张宅的增修费用，竟为白银 10 000 两。[21]

10 000 两银子是什么概念？当时买一个丫环也就三五两、七八两银子。按照《天水冰山录》的记载，严嵩在袁州府宜春县城内的一所新府大宅，包括内住房三所，中厅楼并厢房回廊，东大楼一重厅一重，并回廊厢屋 220 间，估银 1 352 两。[22]这 10 000 两银子能买多少房，修建多大规模的府第、田庄？不是非常惊人吗？根据陈从周先生的表述：大致上嘉靖时期的物价，一头猪，一只羊，五六坛金华酒，并香烛纸扎鸡鸭黄酒之物，共需 4 两银子；一套两层楼居室，上下四间房屋，价值十数两银子。[23]十多两银子就可以买到一套两层楼的房屋，试想，10 000 两银子可以买到多少楼房？难怪皇帝感到吃惊。更令人惊讶的是北京张宅刚刚修建完毕，湖广的江陵又出现了一座规模相同的张宅。

张居正的墓地

　　张居正（1525—1582 年），老家在湖北江陵（今荆州），死后归葬江陵，墓在江陵城东外。墓筑于万历十年（1582 年），石碑高一丈四尺，镌刻有"明相太师太傅张文忠公之墓"。与墓地相比，张居正生前的住宅极尽奢华，但是死后不过一口棺材，一块墓地。张居正生前辉煌，死后被抄家，其子女亦受到牵连。现存的墓园占地十余亩，墓地原有的石人、石马、石龟、石狮等，大多在"文革"期间损毁。"文革"后，墓葬已被修葺一新。

明代置业的经济测算

　　前文介绍朱之蕃、米万钟、严嵩、张居正的置业，实则是选择了明代文人的四个类别来进行剖析。修建豪华府邸，是明代文人、官僚、地主的一种社会风气，在城市就叫府邸，在农村则称为庄园、庄院更为准确。从文学角度来说，侧重于房屋建设的形式及其对文人造成的影响；如果从经济角度来考虑，我们要侧重文人置业的经济投入，甚至资金的来源。在本书的导言中笔者已经说过，古代文人视金钱为阿堵物，往往羞于谈钱，因此在文献记录中常常有意识地回避，缺乏的正是经济数额的记录。在第七部分李渔置业中，笔者也遇到这样的问题。鉴于这样的情况，我们有必要借助同时期的文学作品，来勘照比较，以便我们对明代文人置业有经济梳理的概念。

笔者对明代四大奇书之一的《金瓶梅》有过比较深入的研究，对于古代置业的研究也发端于《金瓶梅》，这里不妨以《金瓶梅》做个对照。

我们知道，现在的住宅房与商业房由于用途的不同，给业主提供的利益也是不同的，这就决定了其价格有区别。另外，除了规模大小，地段、用途都左右着房价。《金瓶梅》中武大郎的房产只有数十两银子，李瓶儿的商住房花费是 120 两银子，蒋竹山开设的生药铺，连房带购置柜面，花费是 300 两银子，其价格是悬殊的。

台湾学者胡圣如先生 20 多年前研究《金瓶梅》中的物价，对物价、银两有过折算。他认为 30 两银子盖了两间房，大约值新台币 690 元；武大郎在县前街典的楼屋十数两银子，大约值新台币 300 元。胡圣如在《〈金瓶梅〉里的饮食和物价》[24]中说，一个猪头二钱银子，现在的银元是七钱二分，折合新台币三四元。胡圣如的银元折合台湾新台币计算方法是 20 多年前的事情，随着物价上涨，这种折合方式已经不准确。现物价已大约是 20 年的两倍。

当时西门庆的西宾（家庭教师）温秀月薪才 3 两银子，武松打死一只老虎奖励 50 两银子。以此参照，武松打虎奖金 50 两银子，一次就可以买到武大郎所居住的那样的房产；温秀才积攒 40 个月的工资（不吃不喝）也可以买下李瓶儿那样价格为 120 两银子的商住楼。

西门庆对田庄的置业，体现了明中叶明武宗倡导的重商追利的经济思想。如果要将这种置业行为与现代置业比较，有点类似于购买独立门户的别墅，当然，明代庄园的占地规模与现代的别墅占地规模是不可同日而语的。从置业的角度看，西门庆是个有眼光的商人，潘金莲、李瓶儿、武大郎渴望生活的稳定、家庭的幸福。有房的人对社会稳定、和谐的需求和愿望无疑比无产者更强烈，更愿意维护现行社会的秩序。

对于田庄、花园的置业，不仅新兴商人极力推崇，传统的乡绅地主更为看重对土地的占有，也竭力扩大自己庄园的版图。按照传统的观念，土地就是势力的象征、财富的标志。田庄的置业不仅仅是累积财富，更是在向世人展示自己的社会实力。

[注释]

[1] 许大龄：《明》，载：《中国大百科全书·中国历史卷》，北京：中国大百科全书出版社，1992年，第665、667页。

[2] 皇庄一说始于永乐年间（1403—1424年），另一说始于天顺八年（1484年）。武宗时急剧发展，他即位一个月之间，就增皇庄七处，后又增至三十处。明代皇庄除皇帝庄田外，皇帝的庄田还包括皇帝委派太监经营的"自行管业"的土地。皇太后的庄田又称官庄，在明代史籍中大多称为仁寿、清宁、未央三宫庄田。见郑克晟：《皇庄》，载：《中国大百科全书·中国历史卷》，第403页。

[3] 洪武五年（1372年）规定，郡王诸子年及十五，人赐田六十顷，二十八年拨赐的土地减为十六顷。此数虽较原额为少，但仍不失为一个大庄主。见王毓铨：《王府庄田》，载：《中国大百科全书·中国历史卷》，第1192页。

[4] 勋贵即所谓异姓贵族，凡有封爵的勋贵都享有皇帝赐给的田土和佃种人户，但是其爵位低于王爵，而且由于是异姓，其庄田数量也少于王府庄田。勋贵庄田的来源，除皇帝拨赐外，也有奏讨的庄田、占夺的民田、霸佃的官田等。见王毓铨：《勋贵庄田》，载：《中国大百科全书·中国历史卷》，第1346页。

[5] [13] [14] [17] [18] 汪菊渊：《中国古代园林史》，北京：中国建筑工业出版社，2006年，第149、546页。

[6] 《明史·舆服志四》室屋制度规定：一品二品厅堂五间九架，三品五品厅堂五间七架，六品至九品三间七架，不许在宅前后左右多占地，构亭馆，开池塘。庶民庐舍不过三间五架，不许用斗栱，饰彩色。详见（清）张廷玉：《明史》，二十五史缩印本，上海：上海古籍出版社、上海书店影印，

1992年。

[7] 黄强：《金瓶梅中的置业》，载：《广厦置业》，2005年第1期。

[8] 朱东润：《张居正传》，海口：海南出版社，1993年。

[9] [美] 牟复礼、[英] 崔瑞德：《剑桥中国明代史》，北京：中国社会科学出版社，1992年。

[10] 李锦全：《海瑞评传》，南京：南京大学出版社，1994年。

[11] 刘敦桢：《中国古代建筑史》（第二版），北京：中国建筑工业出版社，1993年，第316页。

[12] 张海鹏、王廷元：《明清徽商资料选编》，合肥：黄山书社，1985年。

[15] 杨小苑、丁波、杨新华：《南京名人故居史话》，南京：南京出版社，2008年。

[16] 刘海峰、李兵：《中国科举史》，上海：东方出版中心，2006年，第425页。中国科举的最后一科是清光绪三十年（1904年），最后一科的状元、榜眼、探花三鼎甲是刘春霖、朱汝珍、商衍鎏。1905年并不是科举的大比之年，八月初四（公历9月2日）直隶总督袁世凯、盛京将军赵尔巽、两湖总督张之洞、两江总督周馥、两广总督岑春煊、湖南巡抚端方会奏《请废科举折》，同日清廷上谕，同意停罢科举。至此，沿袭1300年的科举寿终正寝。

[19] [20] [22] （明）无名氏：《天水冰山录》，载：《明太祖平湖录》（外七种），北京：北京古籍出版社，2002年，第227、232、228页。

[21] [美] 黄仁宇：《万历十五年》，北京：中华书局，1982年，第64页。

[23] 陈从周：《中国园林》，广州：广东旅游出版社，1996年，第188页。

[24] 胡圣如：《金瓶梅里的饮食和物价》，载东郭先生：《金瓶梅闲话》，太原：花山文艺出版社，1991年。

七　李渔芥子园置业

　　朱元璋建立明朝，设应天（南京）为首都。南京历史、文化、经济的繁盛，有三个重要的时期——六朝、明代、民国。六朝古都说的是东吴、东晋、宋、齐、梁、陈六个朝代，属于偏安朝廷，当时的政权是三国鼎立和南北对峙；形成一统的朝代是朱元璋建立的明朝和孙中山先生创立的中华民国。

　　说到明清时期的文人，尤其是文人的置业，不可不说到李渔。李渔，中国戏剧理论始祖，《闲情偶寄》、《无声戏》的作者，尤以出版《芥子园画谱》蜚声海内外。李渔之名与中国古代戏剧、绘画入门书《芥子园画谱》联系在一起。李渔才华横溢，是一位放荡不羁的文人。他一生孤立独行，阅历丰富，没有做过什么官，也没有固定的收入，完全依靠打秋风生活。

　　李渔与南京有许多关联：他事业的巅峰时期在南京，他购置的房产在南京，他创作的主要作品完成于南京，他刻印《芥子园画谱》在南京。可以说，南京成就了李渔，李渔也丰富了南京的历史文化遗产。

移居金陵置业芥子园

　　李渔（1611—1679年），字笠鸿，一字谪凡，号湖上笠翁。原籍兰谿（今属浙江），生于雉皋（今江苏如皋），在明代考取过秀才，入清后未曾应试做官。出身富有之家，园亭罗绮在本邑号称第一。清兵入浙后，家道衰落，遂移居杭州。

顺治十八年（1661 年），李渔 50 岁时从杭州迁居南京，客居金陵 20 多年。他在金陵营建了自己的私宅——芥子园，经历历史的沧桑，李渔的芥子园早已不复存在，但是芥子园在中国园林史上的重要地位却没有动摇，李渔在南京的文化活动也与南京这所历史名城紧密地联系在一起。

李渔移家金陵，先居住于金陵闸附近（在《一家言全集》卷四有"戏题金陵闸旧居"一联），后来建筑芥子园。[1]方文《李笠翁斋头同王左车雨宿》诗云："故人新买宅，忽漫改为园。叠石岩当户，看山楼在门。客来尘事少，雨过瀑声喧。今夜哪能别，连床共笑言。"

李渔在南京建有芥子园。芥子园究竟在何处，现在已经无法寻觅，但从李渔的文字记录中我们可以推测芥子园的大致位置。李渔曾为芥子园做联，对联云：孙楚楼边筋月地，孝侯台畔读书人。李渔《芥子园杂联》小序云："孙楚酒楼，为白门古迹，家太白筋月于此，周处读书台旧址，与余居址相邻。"

扬州大学文学院黄强教授《李渔研究》一书对李渔生平、艺术及思想研究颇为详尽，对李渔芥子园的地址也有严谨考证。黄强教授认为，孙楚酒楼，南唐以后其古迹已废，在今水西门一带，与周处读书台相去不远。对联借"家太白"之名为芥子园增色，因此，探寻芥子园应当从周处台着眼。他考证芥子园应该在周处读书台的侧面，"无论是在东侧还是西侧，两者都不是紧邻，因为在李渔之前，纪伯紫（纪映钟）已居于周处台侧，芥子园后来建于纪伯紫别业旁"。其理由是李渔在《寄纪伯紫》诗前小序中已经说明："伯紫旧居去予芥子园不数武，俱在孝侯台前。"诗亦云："君向台前开别业，我从山下辟余榛。"可见周处台、纪伯紫别业与芥子园顺序并列。因此，芥子园的旧址在老虎头 43－8 号东侧或西侧方圆三四亩地以外的地方。[2]今天的周处读书台遗址位于南京中华门内东侧娄湖头（俗称老虎头）一处围墙内，门牌号码老虎头 43－8 号，系南京市文物保护单位。

　　芥子园的旧址基本确定了，那么芥子园又建于何时？答案是肯定的，建于康熙七年戊申七夕之前（1665 年左右），方文《三月三日邀孙鲁山侍郎饮李笠翁园即事作歌》一诗可为证。诗云："因问园亭谁氏好？城南李生富辞藻。其家小园有幽趣，垒石为山种香草。"垒石为山的小园即为芥子园。

　　为了营建芥子园，李渔筹备了资金。《与龚芝麓大宗伯》书云："渔终年托钵，所遇皆穷，唯西秦一游，差强人意，八闽次之，外此则皆往吸清风，归餐明月而已。"康熙六年年底或七年年初，李渔结束西秦之游，回到金陵。返家之前作《秦游家报》云："此番游子囊，差胜月明舟。不足营三窟，惟堪置一丘。"返家后，又赋诗一首，诗云："入门诸事遍，万有尽归无。费尽终年力，难偿积岁逋。买山更何日，托钵又穷途。赢得归来夜，花间酒一壶。"也就是说李渔在游西秦前，已经筹划买下芥子园所在地，但是苦于资金不足，而西秦之游没有白去，终于筹集到资金，至于这笔资金是向谁化缘的，没有说明。资金筹集了多少，没有明确说明，但是，从字里行间我们知道，筹集的资金还是可观的，"不足营三窟，惟堪置一丘"，买上三两座庄园是不够的，但是购置一丘之地，绰绰有余，因为芥子园不过"一丘"。

　　何以名为芥子园？李渔在《一家言全集》卷四中说："此予金陵别也。地只一丘，故名'芥子'，状其微也。往来诸公，见其稍具丘壑，谓取'芥子纳须弥'之义，其然岂其然乎？"

　　芥子园的名字很响，但是它的规模却不大。芥子园占地不过三亩，室居其一，石居其一。园内房屋有两进，居室有楼阁、平房。园内还有浮白轩、栖云谷、月榭、歌台等建筑。栖云谷是与房屋相连的假山石洞，洞上有空穴，水置其中，流淌出来，形成滴水的景观，怪石花草点缀园内。

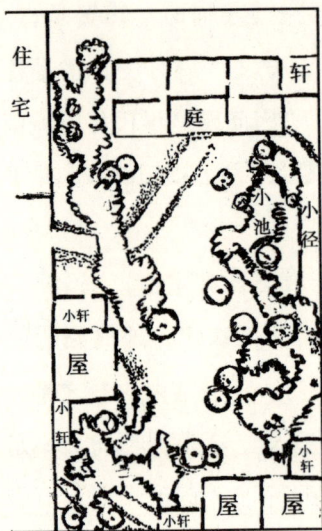

《李渔芥子园平面图》（黄沐天临摹）

芥子园没有留下效果图、平面图，甚至芥子园究竟花费几何，也没有记录。陈从周根据文字记载，复原了芥子园的平面图，也就是今人的想象图。

最妙的是在山脚碧水环流，水边石矶俯伏的假山石矶上有雕塑高手为李渔塑造的一尊执竿垂钓的坐像。李渔十分欣赏自己的这一巧思："有石不可无水，有水不可无山，有山有水，不可无笠翁息钓归休之地，遂营此窟以居之，是此山原为像设。"在园林中出现人物雕塑，尤其是园主人的塑像，这是我国园林史上的一次标新立异的重大突破。

怪石花草点缀其间，李渔嗜好荷花，"夏季倚此为命"，可惜的是"竟不得半亩方塘，为安身立命之地，仅仅凿斗大一池，植数茎以塞责"。因为芥子园占地小，虽有花园的设置，毕竟空间有限，开辟较大面积的水塘不现实，只能开挖一水池，种植数枝荷花，弥补视觉的缺憾，聊以自慰。不仅如此，其他植物的种植也是因地制宜，山茶也只能"取盆中小树，植于怪石之旁"。芥子园种植相对多一点的植物是石榴，因为石榴喜高而直上，不占芥子园的空间。根据李渔的记录，芥子园之景卓然可观。

令人遗憾的是，这一代名园自李渔移家杭州后，几易其主，屡经洗劫，终于湮没，至民国初期已是一片菜园。现在，作为芥子园遗址所在地——中华门内老虎头一带，已是高楼林立，芥子园早已无踪迹可寻。

芥子园与李渔学术文化成就

李渔一生没有做官，也没有固定职业、固定收入，靠打秋风生活。李渔生活来源主要是两个：一是靠别人的馈赠和宴请，二是靠为别人题联写诗的酬劳。按今天的行话来说，属于自由职业者，从事的是撰稿人、个体书商、个体经纪人的工作。李渔不是公务员，也不是国企的高管，他没有单位的固定工资，没有国家的劳保，生老病死全部要靠自己，甚至每一顿饭的花费都要靠自己的劳动获得。

古代社会以打秋风为生的人，看雇主的脸色行事是赖以生存的关键，但是对于有才气的李渔来说，把控得比较好，其收入足以养家糊口，有时还有比较富足的收益。芥子园的营造不就是依赖于李渔化缘所得购买的吗？对于今天社会的人来说，即使是收入有保障的公务员，靠工资收入一次付清购房款也是比较困难的。李渔一趟西秦之行，就解决了购买芥子园的资金。

在南京建设芥子园，居住在芥子园里的生活，是李渔一生最惬意的日子。李渔的《闲情偶记·居室部》说得很清楚："吾贫贱一生，播迁流离，不一其处，虽债而食，赁而居，总未尝稍污其座。"[4] 芥子园是李渔购置的房产，购房资金虽来源于不同的地方，但是房屋的产权却是自己的，居住在不是租赁的芥子园中，暂时的衣食生活无忧，有美女陪伴，做自己喜欢做的事，不再看别人的脸色。于是，李渔在芥子园完成了《无声戏》、《一家言》、《闲情偶记》等著作，成就了他的辉煌。

芥子园，也是李渔实践戏剧演出的一个试验场地。当时他在家里组织家庭戏班自编自导戏剧，排练满意后，组织自家班子四处演出。尤西堂说："携女乐一部，自度梨园法曲，红弦翠袖，烛影参差，望者以为神仙中人。"李渔家乐班子的对外演出，一方面扩大戏剧、家乐的影响，另一方面也是一种营生的手段。

李渔家乐班子最初有平阳乔姬、兰州王姬等四名演员。其剧目有《凰求凤》、《慎鸾交》、《巧团圆》、《琵琶记·寻夫》、《明珠记·煎茶》等。李渔身兼编剧、导演、经纪人数职。

芥子园家乐当时非常有名，李家班"两三秦女善吴音，又善吹箫与弄琴。曼声细曲肠堪断，急管繁弦亦赏音"。扬州大学文学院黄强教授认为，康熙年间，"金陵剧坛的知名人士首推李渔，金陵出名的家乐首推芥子园家乐"[5]。芥子园家乐班的演出活动颇为频繁，其演出范围不仅在金陵，还去过河北、陕西、山西、浙江等地，可见其影响与声誉。

李渔在南京生活期间，还营建了芥子园书肆，不仅刊印自己的著作，而且精刻精印《水浒传》、《三国志演义》、《西游记》、《金瓶梅》等著作。鼎鼎大名的《闲情偶记》就是李渔自己刻印的，其他如《李笠翁十种曲》，包括《风筝误》、《蜃中楼》、《凰求凤》、《比目鱼》等十种曲；《芥子园画谱》初集为李渔金陵移家杭州后编成的，仍交芥子园付印。

李渔移居杭州后，芥子园转让他人，然而芥子园书肆仍然存在，历届业主仍然用芥子园的品牌刊印书籍，有《笠翁一家言全集》、《芥子园画谱》初集二集三集、《镜花缘》、《西湖佳话》、《十竹斋书画谱》。芥子园自制的信笺极其雅致，受到后人的推崇，美术史论家俞建华教授在《中国绘画史》中称誉其为"吾国空前绝后之画学教科书"[6]。

芥子园刻印的书籍中，影响最为深远的是李渔女婿沈心友请画家王概等编的《芥子园画谱》，流传甚广，至今仍然是学习中国书画的入门书。

《芥子园画谱》康熙十八年刻本

　　《芥子园画谱》是非常著名的画谱，芥子园也是著名的刻书坊，刻书坊等同于现在的出版社。《芥子园画谱》几百年畅销不衰，换在如今，李渔靠版税就足以维持家庭生活，想来比"学术超男"易中天还要火，比"学术超女"于丹版税还要丰厚，他也就无须傍大款，打秋风了，历史与李渔开了一个玩笑。

　　这里有个特别的问题，凡芥子园刻本书籍现在都被列入善本书目。但是，李渔不惜工本精刻精印的书籍，在当时经济收益却不理想，倒是私刻翻印的盗版书销量惊人。在这样的情况下，芥子园转手他人也就在情理之中。

一代名园沦落为菜地

　　芥子园是李渔在南京事业的高峰时期，也是他经济状况最好的阶段。芥子园一度兴旺，人声鼎沸，当时家里需要供养 30 多口人。或许因为负担太重，或许因为开支太大，而且李渔经营书肆的名望很高，图书质量上乘，但是利润获取并不成功，一言以蔽之，因为入不敷出，以致芥子园逐渐颓败。康熙十一年（1672 年），李渔作诗《楚游别芥子园》，诗云："三径不果葺，已荒复就荒。琴书虽漫灭，出入可携将。同是贫家物，偏疏独可伤。梦归常恋恋，瞬息肯相忘？"可见"笠翁对芥子园已是心有余而力不足，但系念之情，梦中犹不能舍"[7]。

康熙十六年（1677 年）春天，李渔 67 岁，举家迁回杭州。扬州大学黄强教授考证认为：李渔晚年回到杭州，穷困潦倒，贫困之中向友人求援，他强调自己在金陵负债累累。[8]

李渔一生放浪形骸，除金陵芥子园、浙江兰溪伊山别业、终老杭州时造的层园外，其他时间居无定所。他在《闲情偶记》中自称平生绝技有二：一则辨审音乐，一则置亭造园。[9]所以他每到一处，必先购地选材置造园林。李渔在北京曾为贾胶侯规划过"半亩园"，在南京清凉山下为金陵八家之首的龚贤营造过"半亩园"，其寓居金陵时造的芥子园最能代表他的造园才能和思想。李渔离开南京后芥子园逐渐颓败，以致若干年后了无踪迹，成为一片菜园。

熟读过李渔著作的文人，仰慕过李渔的读者，听说过李渔的市井人物，来到芥子园原址，或许为了瞻仰李渔芥子园的风采，或许为了追寻李渔才情的遗踪，然而，他们看到颓败的芥子园原址，不免生出许多遗憾……

金陵芥子园复建待何时

由于芥子园在中国园林史上不可替代的重要地位以及《芥子园画谱》在中国版画史上的影响，一些文化界人士早就呼吁恢复芥子园。国画大师傅抱石先生生前就提出，芥子园在南京，南京艺术界更有必要重视它。他曾在《中国版画史》中提到：一要恢复芥子园，有钱可重建；二要重印《芥子园画谱》。十多年前，南京市政府就有重新修建芥子园的考虑，后来还将此项考虑列入当时的南京市文化战略规划，但由于遭遇重重困难，重建芥子园的构想被搁置至今。

前几年，民进南京市委的政协委员们集体提议，复建芥子园这座金陵名园。民进南京市委的政协委员们提出，芥子园不是普通的古代宅院，在复建芥子园的问题上，应该尊重历史。这样，复建的芥子园，才有望与规划中复建的金陵大报恩寺暨遗址公园和周处读书台等一批景点，与已建成的沈万三纪念馆、已修复竣工的秦大士故居形成历史文化景观带。委员们还建议，修建以芥子园为主体的李渔文化园，用于研究、宣传李渔的文化成就。

对于芥子园复建规划问题，不管是规划部门和文化部门，还是南京市秦淮区政府和园林部门，认识是基本一致的，即芥子园作为南京秦淮文化的名片，应该在秦淮区域内复建。南京市规划局在答复中称，他们与秦淮区政府"拟将复建工程选址位置紧邻中华门城堡、内秦淮河及沈万三纪念馆，复建后的芥子园将与它们共同形成独具秦淮特色的历史文化景观带"。南京市政协委员们认为，芥子园真正的位置在南京古秦淮河畔，南京人有责任在南京的土地上重新展示芥子园的风貌，传承芥子园所包含的文化精神。[10]

对于此前在《玄武湖风景区控制性详细规划》中提到的，位于玄武湖北岸，距离神策门公园不远的环湖路边，将建设占地 28 000 平方米的李渔文化园，一度被社会误解为此举就是芥子园的复建，南京市园林部门也对此进行了解释，玄武湖畔建设李渔文化园，并不是要将芥子园异地恢复，而是旨在把南京文化和代表南京形象的玄武湖结合在一起，进一步提升南京作为国家园林城市和历史文化名城的整体形象，这与在原址复建芥子园并不矛盾。

尽管呼声很大，提案也报了上去，规划部门也有了答复，甚至政府部门也将其表示列入了规划，但是南京复建芥子园的工作似乎并没有实质性的进展。倒是在李渔的故乡浙江兰溪，已先于南京修建了芥子园。

浙江先于南京兴建芥子园

李渔一生中为自己营建过三处宅园，即早年在浙江兰溪老家造的伊园

（伊山别业）、寓居金陵时造的芥子园和终老杭州时造的层园。

李渔早年居兰溪时，"曾在故里下李村，为自己造了一幢住宅，名伊山别业。虽说是数间草堂茅屋，却因背山临溪，小桥流水，加上院内栽花筑池，随意和周围的田园风光配合得非常协调"[11]。

浙江兰溪芥子园（李渔故里），位于市区溪西新区兰荫山麓，属仿古园林建筑，袭用李渔生前在江宁孝侯台旁创建之庭园名，为纪念李渔而建。芥子园占地10.5亩，建有亭台楼阁，筑有小桥鱼池，植有名贵花木。此园虽小，但精心设计，巧妙安排，使之小中见大，曲中见幽，古中见雅，别有丘壑。游憩其间，发悠悠古思，怀悠悠古人，自能励志励人，催人奋进。前中国红楼梦学会会长冯其庸先生有诗云："顾曲精微数笠翁，名园小筑亦神工；只今移向兰溪去，好听秋江一角风。"

浙江复建的芥子园

芥子园在南京，是历史上著名的私家园林，李渔治园的实物例证。芥子园属于中国的文化遗产不假，但是芥子园曾建在南京，如果复建，南京应当担当起责任。

虽然说李渔原籍为浙江兰溪，但是李渔主要的文化活动是在南京完成的，芥子园建在南京，其复建理所当然在南京。2011 年，南京市委书记杨卫泽同志在多种场合下，都提出南京要重视具有人文底蕴的文化景点的建设，使这些景点与文化、历史相融，成为南京的文化名片，但是有关部门推行李渔芥子园的建设工作进展却十分缓慢，不能不说是一种遗憾。

[注释]

[1][8] 关于李渔移家金陵的详细情况，请参阅黄强：《李渔移家金陵考》，载黄强：《李渔研究》，杭州：浙江古籍出版社，1996 年。

[2][5][7] 黄强：《芥子园新探》，载黄强：《李渔研究》，杭州：浙江古籍出版社，1996 年。

[3] 李秋香：《中国民居》，天津：百花文艺出版社，2003 年，第216 页。

[4][9] 李渔：《闲情偶记·居室部》，北京：作家出版社，1995 年。

[6] 薛冰：《家住六朝烟水间——南京》，上海：上海古籍出版社，2000 年，第195 页。

[10] 有关芥子园复建的情况，可以参考刘泱发表在《金陵晚报》的相关报道。

[11] 李牟年：《李渔和他的造园艺术》，载：《园林与名胜》，1985 年第6 期。

八　龚贤半亩园置业

　　龚贤（1618—1689 年），又名岂贤，字半千、半亩，号野遗，又号柴丈人、钟山野老，著名的画家，清代金陵八家之首，江苏昆山人，流寓南京。其间也曾在扬州等地居住，但是晚年又回到南京，寻找到一块风景优美、环境幽静，人文底蕴深厚的地方，买地建房，安家乐业。因为有了这处闲庭散步，种草赏花，坐看风景，人居舒适的住所，龚贤的艺术才能得以淋漓尽致地发挥，他一生主要艺术成就和代表作品都是在南京完成的。

龚贤与南京的渊源

　　龚贤祖籍江苏昆山，十岁左右随父迁居上元（今南京），此后再也不曾返回故里久居。因家庭关系，早年龚贤即与复社名流杨龙友同师于大书画家、南京礼部尚书董其昌，并与东阁大学士马士英等结识。崇祯十二年（1639年），龚贤与东林派人物范凤翼、黄明立、薛冈等人结社于秦淮。[1]

　　龚氏虽然久住金陵（南京），其间也曾迁至扬州。1654 年，龚贤返回金陵，次年三月又赴扬州，定居扬州十年之久，在这期间也曾回金陵短暂居住。1665 年初冬，龚贤再次回到金陵，时年 46 岁。当时他写有一首诗《江上夜归》，表达了眷念南京之情："身老愁为客，迢迢返旧京。扁舟无宿处，中夜趁潮行。月落草堂寺，鸟啼石首城。酒醒残梦断，回顾不胜情。"

　　周亮工《读画录》卷二《半千小传》中说到龚贤移居扬州后又返回金陵

的经历，龚贤"早年厌白门杂沓，移家广陵；已复厌之，仍返，结庐于清凉山下，葺半亩园，栽花种竹，悠然自得，足不履市井"。交代了龚贤因为厌倦金陵繁杂，而举家迁至扬州居住，又因为厌倦扬州的繁杂，还是觉得金陵更适合他，于是再度迁回金陵居住，并购置土地，兴建房屋，终老于南京。

龚贤在半亩园置业

1665 年初冬，龚贤再次回到金陵，先是居住在钟山西麓，王安石故居半山园一带，以及长干里，大约一年后选择了虎踞关为立家安身的地址。

虎踞关在清凉山东北麓。龚贤以"百金"购置了瓦房五间和半亩田地。他在《半亩园诗》中说"瓦屋四五间，购之将百金。余地才半亩，新竹作成阴"。"从这里往西南数百步可登清凉台揽胜，往东南数百步可临乌龙潭观鱼。"[2]龚半千居半亩茅屋，闲暇养花种竹，甚是自适。1685 年他在《赠王翚》诗中作序为记："余家草堂之南，余地半亩，稍有花竹，因以名之，不足称园也。清凉山上有台，亦名清凉台，登台而观，大江横于前，钟阜枕于后，左有莫愁，勺水如镜，右有狮岭，撮土若眉。余家即在此台之下。转身东北。引客指视，则柴门吠犬，仿佛见之。"

石涛作《清凉台》

南京博物院藏，纸本设色，40（纵）厘米 × 30.2（横）厘米。石涛是明末清初的大画家，原系明代宗室，明亡后出家，曾居住在南京。画作风格清逸冷峻，笔墨简练，寥寥数笔，似信手挥写，却笔笔落实，营造了深邃的意境。画上题诗一首："薄暮平台独上游，可怜春色静南州。陵松但见阴云合，江水犹涵白日流。故垒鸦归宵寂寂，废园花发思悠悠。兴亡自古成惆怅，莫遣歌声到岭头。"诗意与画意融为一体，堪称佳作。

登山上台，纵览石城风光，远眺大江东去，气势壮阔；近看莫愁湖、狮子岭，亲近自然。柴门犬吠，呈现农家幽趣，生动活泼，生机无限。

龚贤又填词《西江月》记其事：

新结临溪水栈，旧支架壁山楼。何须门外去寻秋，几日霜林染就。

影乱夕阳楚舞，声翻夜月吴讴。山中布褐傲王侯，白举一觞称寿。

清凉山位于南京城西南隅。《同治上江志》记载："地势迥旷，堪称遐瞩。城闉烟树，幂历万家。城外江光一线，帆樯隐隐可辨。江北诸山，拱若屏障，登眺之胜，甲于兹山矣。"[3] 其实，清凉山在南京丘陵山脉中，只是一座小山冈，南北仅有900米，东西宽也不过800米，面积不到1平方千米，海拔只有63.7米，说它是"山"，倒不如称它为"丘冈"更合适。但是在历史上，清凉山的名气却很大，可以说是赫赫有名。金陵四十八景的"清凉问佛"出于此处，南京佛教史上声名显赫的清凉寺曾在此建立，龚贤的半亩园以及清凉山上误传为龚贤故居的扫叶楼，使得"山不在高，有仙则名"的清凉山闻名遐迩。

在龚贤居住于清凉山之前，清凉山就已经非常出名，大概龚贤选择与清凉山为邻，也是出于对清凉山的仰慕。萧平先生考证，龚贤20岁左右时，即1644年之前，就作过一幅绢本墨色的《清凉台图》[4]，以画笔勾勒出清凉山的轮廓概况，山下树木，山中屋宇，城外大江，帆影点点，呈现虚渺意境。通常说言为心声，诗为言志，画作乃是画家表达胸臆的一种方法，对清凉山的描绘，体现了龚贤对清凉山的仰慕和向往。

到了中晚年，龚贤居住在清凉山附近，对清凉山有了更多的了解、更深的感情，他又作了一幅《清凉环翠图》，再次用画笔描绘他眼中的清凉山，他心中的清凉山。萧平先生点评此画："山巅之清凉台明显突出，山为古城环隔，城外一片开阔，即大江也，狮岭、莫愁，似不在望中。画左角设草堂，可能即半亩园。山势偏于平缓，设色则以花青、植绿为主，局部施用淡赭。整体墨浓色重，淡墨和植绿的大片渲染，超出纸张的承受能力而产生的渗透现象，至今给人淋漓犹湿之感使画面显得格外葱葱郁郁。"[5]

对于龚贤在清凉山附近营造的半亩园，好友颇多赞美，对龚贤的闲情生活也表示了仰慕。施润章《半亩园诗赠柴丈》云："南望清凉巅，北枕清凉尾。高斋木叶疏，四山茅屋里。微云拂林麓，澄绿如春水。于焉独栖啸，洵美中林士。"孔尚任在《虎踞关访龚野遗草堂》也说半亩园："簇簇余寸墟，竹修林更茂。时有高蹈人，卜居灌园圃。晚看烟满城，早看云满岫。"

明代爱国遗民屈大均在《与龚柴丈》尺牍中说："闻足下新家清凉山曲，有园半亩，种名花异卉，水周堂下，鸟弄林端，日常无事，读书写山水之余，高枕而已。此真神仙中人。仆劳劳边塞，驰骋无益，已矣。行将归，与足下为劳圃矣。"屈大均羡慕龚贤有这么优雅的环境，做自己喜欢的事，虽然艰苦，但是心情舒畅，等自己从边塞归来，要与龚半千一同养花种草，终老于此。屈大均说的也是实情，因为屈大均在清兵南下时，曾参与郑成功、张煌言水师进袭金陵的抗清斗争，失败后，周游各地，联络志士抵抗清兵。明朝灭亡后，他一度出家为僧，中年还俗。

龚贤的经济状况

龚贤一生不得其志，经济生活总体来说不理想。但是他早年并不是很贫穷，当时还有余钱用于编印诗集，二次居住扬州时，龚贤编辑了中晚唐诗集。由于龚贤编印的古、近体诗进入出版市场的努力失败，折损了不少钱。这次出版的失败，成为龚贤经济的转折点。刘宇甲先生认为龚贤此时经济困窘，借债度日。[6]笔者对此不敢苟同。笔者认为出版的失败固然对龚贤经济状况打击甚大，但是龚贤尚未到山穷水尽的地步。理由是此时龚贤再返回金陵，在清凉山山麓购买了半亩园，开始营造他的住所，花费"百金"（一百两银子）。假若穷困潦倒之极，如何还会有 100 两银子用于买地盖房？100 两银子在当时并不是一个小数目。

建造半亩园消耗了龚贤半生的积蓄，无论是祖上的遗产，还是朋友赞助，抑或是他的劳动所得，总而言之，除了房产，龚贤再无富余。一介布衣，两袖清风。龚贤没有出过仕，尽管是一介布衣，却不肯依附清廷，"深藏林草病还在，长揖君王懒未能"表达了他刚直不阿的性格，不附庸权贵，不委曲求全，宁向直中取，不向曲中求。龚贤出生于官宦世家，祖父、父亲都曾在明朝为官。他的青年时代，恰逢明亡清立，饱尝战乱之苦，目睹扬州屠城惨剧，对清兵入关屠杀汉人充满仇恨。因此，他一生不屑在清廷为官。

大约在 1649 年，龚贤应旧友盐商徐逸之邀，赴泰州海安镇出任徐府西宾，即家庭教师。[7]中年回到南京，别无所长，唯擅长绘画，于是重操旧业，教授徒弟，卖画，赚取微薄的稿酬，勉强维持生计。他自己在《草香堂集·与杜于篁》中说过："垂五十年而力砚田，朝耕暮获，仅足糊口。"[8]

美国学者杰洛姆·希伯格尔德认为周亮工是龚贤的主要赞助人，龚贤定居金陵半亩园时，周亮工出任南京转运使，给金陵文坛带来生机，也给龚贤的绘画走向社会创造了条件。[9]笔者之所以说龚贤绘画走向社会，而不是走向市场，原因在于龚贤个性的耿直。龚贤是画家、诗人和爱国者，虽然他教授徒弟，出售画作，但是骨子里不是生意人，他也不愿意自己的作品销售给他内心鄙视的权贵。可以推测，在周亮工的赏识下，更多的社会名流知道了龚贤，本来这是龚贤销售画作的一个契机，但是龚贤不会为了口腹之需而迁就权贵，这就注定他的作品不会市场化，也卖不出好的价钱。画作可以低价，或以象征价，甚至免费赠送同道知音，而不是高价销售给权贵、富翁，满足他们附庸风雅的欲望。收学生教画徒，情非自愿，实属不得已而为之，以致龚贤虽辛劳授课，艰苦作画，却仍然摆脱不了贫困。

半亩园中的友谊

龚贤生于明末，明亡后隐居半亩园，以卖画授徒为生，生活甚是清苦，但是他贫居自得，睥睨公卿，视权贵如粪土，"布褐傲王侯"，正应了古语：穷且益坚，不坠青云之志。卒彰显其志，高风亮节，让人钦佩。

在半亩园，尽管龚贤"足不履市井"，但是与他来往的人却不少，他与金陵七位画家樊圻、吴宏、高岑、邹喆、叶欣、胡慥、谢荪等人结下"兰亭雅集"，丹青雅谊，形成了中国绘画史赫赫有名的画派——金陵八家。金陵画派的金陵山水，朴厚、丰润中含有洒脱，稳沉中透着灵动。[10]

与龚贤交往甚密的主要有周亮工、孔尚任等。周亮工是清朝官员，给了龚贤很多帮助。孔尚任是著名戏剧家，《桃花扇》的作者。《国朝画征录·小传》中称龚贤"家贫，殁不能具棺殓，会曲阜孔东塘（即孔尚任）客游金陵，为经理其后事，抚其孤子，收其遗文"[11]。

半亩园对龚贤的影响

安居才能乐业，龚贤一生颠沛流离，虽然还不至于居无定所，但是以龚贤的个性、艺术家的气质，又不善周旋、经营，经济拮据、生活潦倒在所难免。

龚贤定居清凉山半亩园之后，生活上相对稳定，"排除了种种干扰，也消尽了自我得失的内在烦恼，倾心尽意于艺术创作，因为画艺大进，传世作品也日多"。因为生活稳定，免去后顾之忧，龚贤得以把更多的精力投入艺术，潜心创作，萧平的《龚贤的中晚期绘画》认为："龚贤最后二十年是他绘画艺术的盛年，而在这二十年中，五十五岁到六十五岁这十年为最盛期，他的鸿篇巨制和精细入微的册页，大都完成于这一时期。"[12]

1665年到1689年是龚贤在艺术上高度成熟的时期，他的画作无论是在数量还是质量上都达到了前所未有的高度。传世代表作《岳阳楼图》、《木叶丹黄图》、《摄山栖霞图》，都集中地表现出作者娴熟高超的绘画技艺和严谨认真的治学精神。[13]

龚贤一生没有出仕，中晚年主要以教画授徒、卖画为生，留下三部图文并茂的课徒画稿。

扫叶楼非半亩园

说到清凉山，说到龚半千，就不能不说扫叶楼。扫叶楼在清凉山，至今还保存着。很多史籍都认为扫叶楼是龚贤的故居。扫叶楼的得名也因为龚半千曾自画一老人，持帚做扫叶状，悬于所居之所。《石城山志》云："（扫叶楼）在善司庙后，即明遗老龚半千之半亩园也，半千尝绘一僧，持帚做扫叶状，因以名楼。凭栏而望，城阗烟树，幂历万家，城外帆樯过石头城下，影掠窗前。登眺之乐，此为最盛。"[14]《金陵胜迹志》亦云："扫叶楼在清凉寺后，即半亩园遗址。旧志：国初扫叶僧居之，然僧乃龚半千，托迹绘一僧，扫帚作扫叶状耳。"

在考证龚贤故居究竟是扫叶楼还是半亩园这个问题上，刘宇甲《龚贤晚年故居考辨》颇见功力，剖析有理。刘宇甲先生认为，龚贤晚年最后一处居所不是扫叶楼，而是位于虎踞关的半亩园。[15]换言之，今日的扫叶楼并非龚贤的故居。

龚贤晚年居所在何处，学者们有分歧，有三种说法：一说在清凉山下扫叶楼；二说清凉山下半亩园（即虎踞关）；三说扫叶楼即是半亩园，两者实为一处，只是名称不同。

刘宇甲先生认为一则扫叶楼在清凉台之南侧，半亩园在清凉台之东北侧，南辕北辙，显然不是一处。将扫叶楼与半亩园混为一谈，谬误始于王士祯。

王士禛在《感旧集》中说："龚贤字半千，别号柴丈，江南上元布衣，有《香草堂集》，工画，爱仿梅花道人笔意，尝自写小照作扫叶僧状，因名所居为扫叶楼。"这段文字有两处错误，一是龚贤的诗集为《草香堂集》，不是《香草堂集》。二则扫叶僧也不是龚贤，而是另有其人。[16]

《清凉山全景示意图》（黄沐天绘）

清代《金陵梵刹志》绘录了清凉山全图，标注了虎踞关、扫叶楼、清凉台、乌龙潭、石头城等5处地点。从图中可以看出虎踞关与清凉台、扫叶楼相距甚远。由于原图清晰度很差，此图由黄沐天根据原图绘制，主要示意虎踞关与清凉台、扫叶楼等处的距离。

刘宇甲先生质问得有理。龚贤好友安徽桐城人方文（1618—1669 年）在《虎踞关访半千新居有赠》诗中就明确说龚贤的半亩园在虎踞关，并且说半亩园"路山清凉台更远，宅如书画舫犹宽"，已经指出半亩园距离"清凉山更远"，而扫叶楼就在清凉台下，距离颇近。孔尚任在《虎踞关访龚野遗草堂》中也强调半亩园在虎踞关，"虎踞古雄关，狰狞如猛兽。天子气已消，关门亦非旧"，强调雄关虎踞，说明半亩园不在清凉山。

此外，龚贤也写过登扫叶楼的诗《登扫公楼》："扫公楼上凿西窗，窗外分明见楚江。高扶风烟一千里，低气鸥鹭两三双。清秋渔篷浮沙艇，白日山钟撼石幢。吴王旧时城阙在，片帆从此出迎降。"其景物描写与在清凉台上看到的景物相似。所谓扫公楼，即扫叶楼。假若扫叶楼就是龚贤故居，龚贤又何必再登扫叶楼？于理不通。在《扫公楼》诗又说："扫公楼在石城头，城外江从窗外流。明日渡江回首处，不知曾见扫公楼。"明确扫叶楼在石头城头，而不是虎踞关，与虎踞关的半亩园相距甚远。由此可见，扫叶楼并非龚贤故居半亩园。

清凉山扫叶楼（黄强摄）

如今游客到清凉山能看到什么？鼎盛时期的古清凉寺已经没有了，还阳井只剩一处残井，只有扫叶楼还在，因此游人到清凉山必看扫叶楼，名山、名楼、名人，算是清凉山现在最具文化内涵的景点了。由于河道的变迁，尽管登扫叶楼已经无法看到当年"江帆点点"的壮丽景色了，但是缅怀龚贤这位文化名人，还是会有一番感慨的。

其实扫叶楼误传为半亩园，即使在认为扫叶楼即半亩园的史籍记载中也是前后矛盾的。潘宗鼎撰《龚贤小传》，先说到龚贤"隐居明应天府上元之清凉山"，但是下文交代半亩园的所在，却说"所居半亩园，当清凉山迤西而南之小阜。回绝尘环，老树绕屋"。[17]这个位于清凉山西南面的一个小丘陵，才是半亩园的所在地，说明了半亩园只是属于清凉山山脉的范围，而不是清凉山之清凉台下。

龚贤在金陵的另两处居所

　　1665 年初冬，龚贤再次回到金陵，于 1666 年在清凉山山麓半亩园居住。在选择半亩园之前，他在金陵有过两处居所。一处是半山园附近的御道，大概在今天南京御道街一带。另一处是城南长干里。刘宇甲先生举周亮工《半千移家》诗为证，认为"曲巷费追寻"、"衡茅一再迁"与清凉山半亩园的环境不合。因为半亩园地处荒野，绝无"曲巷"可言。[18]

　　刘先生考证细致，很有说服力，但是因为以讹传讹的缘故，后人已经搞不清半亩园在虎踞关、扫叶楼在清凉山这个史实。而且龚贤在南京御道街、长干里的两处住所，早已荡然无存，史料上也没有详细记录。倒是扫叶楼名气甚大，又存在于清凉山上，人们情愿以假为真，也就管不了半亩园与扫叶楼实为两个住所，扫叶楼也并非龚贤故居。

龚贤纪念堂（黄强摄）

　　纪念堂在今日清凉山扫叶楼，陈列着龚贤的书画、诗文作品。围绕龚贤与清凉山，学术界一般将其概括为清凉山文化，有学者认为清凉山文化弘扬的爱国情感，比南京的秦淮香艳文化更有社会价值。

龚贤的悲惨结局

清军入关后，龚贤退隐清凉山，宁愿贫寒也不愿附庸清廷，尽管如此，忧国忧民之心始终未泯，强烈的民族忧患意识促使他寄情于诗画之中，聊以自慰。

面对大好河山的沉沦，龚贤忧心如焚。由于他的名望和艺术造诣，以及不向权贵献媚，龚贤为豪门权势所不容。他们借索书为名，欺压龚贤，让他不得安宁。

1689 年秋日，龚贤在贫困交加中，遭遇豪门横暴，身染重病，终于郁郁而亡。因为家贫无力安葬，全赖好友——戏剧家孔尚任的鼎力相助，才得以入殡。民国二十六年三月版的《昆山景物志略》记载：龚贤死后，遗柩被安葬于祖籍昆山邑西渡桥镇。[19]

一代名士，著名画家，竟落得如此下场，让人潸然泪下。真所谓清凉山上不清凉，至今犹忆龚半千。

[注释]

[1] [6] [7] [8] [13] 刘宇甲：《龚贤的生平》，载萧平、刘宇甲编著：《龚贤研究集》（下册），南京：江苏美术出版社，1989 年，第 4、11、6、19、16 页。

[2] 刘宇甲：《龚贤晚年故居考辨》，载萧平、刘宇甲编著：《龚贤研究集》（下册），南京：江苏美术出版社，1989 年，第 13 页。

[3] [14] 王焕镳：《首都志》（上册），南京：南京古旧书店、南京史志编辑部翻印，1985 年，第 319 页。

[4] 萧平考证《清凉台图》大概在龚贤 1644 年之前，即龚贤 20 岁左右的作品。萧平：《龚贤的早期绘画》，载：《龚贤研究集》（下册），第 23 页。

［5］萧平：《龚贤的设色画》，载：《龚贤研究集》（下册），第44—46页。

［9］［美］杰洛姆·希伯格尔德：《龚贤和他的艺术赞助人》，载：《龚贤研究集》（下册），第89页。

［10］萧平：《龚贤与造物》，载：《龚贤研究集》（下册），第68页。

［11］转引自：《龚贤研究集》（上册），第180页。

［12］萧平：《龚贤的中晚期绘画》，载：《龚贤研究集》（下册），第40页。

［15］［18］刘宇甲：《龚贤晚年故居考辨》，载：《龚贤研究集》（下册），第125、129页。

［16］潘宗鼎：《小传》，附于《扫叶楼集》中，转引自：《龚贤研究集》（上册），第184页。

［17］扫叶僧为扫公房扫叶上人，清凉寺主持莲乘和尚。方文在《寒食日住宿扫公房》、《同龚半千访扫叶上人》中说："城西有古寺，乃在石头上，南唐李后主，避暑于其间，所以名清凉，遗迹犹斑斑。……老僧莲乘者，白首栖禅关。厥徒字扫叶，诗律夙所娴。"也有说扫叶公即扫公，为龚贤好友僧宗元。见《龚贤研究集》（上册）第71页，王道云为《登扫公楼》诗注释一；又见第77页，《登扫公楼》注释一。

［19］《昆山景物志略》，民国二十六年三月版，转引自《龚贤研究集》下册，第182页。

九 袁枚随园置业

历史的沧桑，毁掉了很多古建筑，但抹不去的是人们的记忆。南京园林史上、建筑史上引为经典的私家建筑，李渔的芥子园、袁枚的随园都名列其中，但是它们仅仅留在了历史文献之中，残留在人们的记忆里。

说到袁枚，现代读者可能比较陌生，但是提起赫赫有名的《随园诗话》、《随园食单》，或许在读者的脑海中会浮现一些印象，确实，在中国诗歌理论方面，《随园诗话》占有一席之地；而在中国饮食史上，饮食理论和菜谱，或者说文人饮食的代表，不可不说到《随园食单》。这两本书，取名随园，自然与作为私家建筑园林的随园有关，随园既是清代大诗人袁枚的号，又是袁枚在南京置业、居住的场所。

袁枚（1716—1797 年），清代诗人、诗论家。字子才，号简斋。浙江钱塘（今浙江杭州）人。乾隆四年（1739 年）进士，授翰林院庶吉士，乾隆七年（1742 年）改放外任，在溧水、江浦、沭阳、江宁等地任知县，有政声。乾隆十三年（1748 年），40 岁时辞官。[1]

袁枚退隐江宁（今南京）小仓山，筑室隋氏废园，改名"随园"，世称随园先生。从此，袁枚不再出仕，从事诗文著述，广交四方文士。晚年自号仓山居士。袁枚是清代乾隆、嘉庆时期的代表诗人之一，与赵翼、蒋士铨并称乾隆三大家。他倡导"性灵说"，活跃诗坛 60 余年，享盛誉 50 余年。著作有《小仓山房集》80 卷、《随园诗话》16 卷、《子不语》24 卷以及《随园随笔》、尺牍、说部等 30 余种，《随园食单》是他 72 岁以后整理写成的一本烹饪专著。

退隐南京建筑随园

袁枚曾在南京任职多年，出任过溧水、江宁的知县。或许是经历了宦海
沉浮，淡化了功名利禄，或许是寻找另一种惬意的生活，40 岁时，袁枚退隐
了。退隐后居住在南京小仓山，当时他相中了小仓山的一处隋氏废园。因为
家道中落，无人、无力、无财打理，修筑在小仓山的隋氏故园已经颓败、荒
芜，杂草丛生。就在这个看似破烂的地方，袁枚独具慧眼，开始着手建筑
随园。

袁枚《随园记》记载："金陵自北门桥西行二里，得小仓山。山自清凉山
胚胎，分两岭而下，尽桥而止，蜿蜒狭长，中有清凉水田，俗号干河沿。河
未干时，清凉山为南唐避暑所，盛可想也。"南京地方文献专家薛冰先生考
证：小仓山是清凉山的东脉，分南北两支，迤逦直至北门桥，中间低洼处俗
称干河，当时西通乌龙潭，东连进香河，是南京城东西方向的重要泄水道。[2]

依据袁枚《随园记》记载分析，当年随园的位置，就在今天的广州路两
侧，西起乌龙潭，东过青岛路，小仓山南、北两岭均在园内，主要建筑在小
仓山北岭的南坡上。袁枚的墓园所在的百步坡，或许就因为"茔离园仅百步"
而得名。袁枚有诗云：

> 北门桥转水田园，路少行人鸟渐啼。
> 遥望行云遮半岭，此中楼阁有高低。

可见当年建筑随园时，小仓山一带还很僻静，路少，行人也少，在高低
错落的丘陵上，生长着茂密的树木，由于人少，鸟的鸣叫就更衬托出环境的
幽静。但是人少并不影响建筑楼台、别墅，已经有不少的别墅、园林在小仓

山落户了，高低错落，颇为雅致。

随园的渊源与规模

对于随园的历史渊源，朱偰先生在《金陵古迹图考》中交代得很清楚："随园在小仓山，旧为隋织造园。袁枚官江宁县令，亦筑于此，易隋为随。袁以诗名盛于时，搜奇挹胜，吐纳烟景，园所蓄蕴，皆洩于诗，一时士大夫多从之游，园遂盛称于世。"[3]

随园的前身是明末文人吴应箕的吴氏园。因为城西乌龙潭一带"其地枕流面山，旁近人家，桃花满篱落，觉桃花源鸡犬在指顾间"。有桃花源的意境，符合明末"国破山河在，城春草木深"的情调，于是吴应箕在小仓山构建了吴氏园，但是入清以后，吴氏园被时任江宁织造的曹家看中了，经过扩建，演变成了曹家织造府花园。螳螂捕蝉，黄雀在后，曹家的好景不长，雍正年间曹家获罪，家产被抄，曹家织造府花园落到了继任的江宁织造隋赫德手中，曹家织造府花园也就成了隋氏织造府花园。

袁枚《随园记》记述，隋氏花园"构堂皇，缭垣牅，树之荻千章、桂千畦，都人游者，翕然盛一时"。历史往往有相似的一面，四年之后，隋赫德也被逮捕法办，抄家籍没财产。或许因为吴氏园、织造府花园更替的不祥，三代主人均未善终，隋赫德之后的隋氏织造花园竟然无人继承，大家敬而远之，唯恐获得织造花园就会像感染瘟疫一样，惹祸上身，以至隋氏织造花园渐渐废弃，杂草丛生，简直看不出这是当年显赫辉煌的曹家织造花园。

30年后，袁枚辞官退隐，定居小仓山，才买下了荒芜已久的隋氏织造故园，改"隋"为"随"。《石城山志》记载："旧为隋织造园，既归袁氏，易隋为随。"袁枚的本意是随意，但是笔者认为，随意也应包含"随缘"之意，勉强得到的终归要还给人家，霸占得来的财产依旧会失去，不义之财勿取，不当得利不要。

随园当年的规模不算小，占地面积有三百亩之多，从东侧乌龙潭到青岛路西侧，包括百步坡，广州路两侧以及五台山体育馆，都属于随园的范围。山上绿树成荫，花木繁茂，楼台绰约，是一处有情致，赏风景的佳地。

袁起《随园图》

袁枚建筑随园，并没有地图，只是在他的六篇《随园记》中有文字的描述，袁起的《随园图》是后来根据文字描述描绘的图像。

袁枚为何修筑随园

袁枚为什么会看中隋氏废园，在小仓山修筑随园？按照袁枚的话讲是为了借景。"凡称金陵之盛者，南曰雨花台，西南曰莫愁湖，北曰钟山，东曰冶城，东北曰孝陵，曰鸡鸣寺。登小仓山，诸景隆然上浮，凡江湖之大，云烟之变，非山之所有者，皆山之所有也。"换言之，小仓山位于南京城的一个中心位置，登小仓山可以环视金陵四面景色，无论是远处的钟山、雨花台，近处的莫愁湖、冶山，尽收眼底。

当隋氏花园颓败30年后，袁枚治江宁，他在《随园记》中写道："园倾而颓弛，其室为酒肆，舆台嚾哄，禽鸟厌之，不肯妪伏，百卉芜谢，春风不能花。"花园已经变成酒店，花木颓败，因为环境脏、乱、差，连鸟禽都不肯眷顾，即使是春天万物生长的季节，隋氏花园也没有花开。与鼎盛时期游人如织相比，已经是门可罗雀了，酒店的生意也不好，店主急于转让，"问其值，曰三百金，购以月俸"。售价只有三百金，袁枚爱怜隋氏花园，又看中了小仓山的形胜，于是用月薪300两银子买下了隋氏花园。

买下荒芜的隋氏花园后，袁枚便着手打造。"茨墙剪阖，易檐改涂，随其高为置江楼，随其下为置溪亭，随其夹涧为之桥，随其湍流为之舟，随其地之隆中而歆测也、为缀峰岫，随其蓊郁而旷也、为设宧突。或扶而起之，或挤而止之，皆随其丰杀繁瘠，就势取景，而莫之夭阏者。故仍名随园，同其音，易其义。"这句话的意思是根据随园的地形，在高的地方建了置江楼，可以登高远眺长江，在低矮处修建了置溪亭，可以低头观溪水，两水之间架桥，水流湍急的地方停泊小舟。隆起的山石形成石峰，树木葱郁，空旷的地方盖有亭，根据地势造景，自然随意。

游人慕名造访随园

随园的修筑颇能体现袁枚的匠心独运。袁枚在其遗嘱中曾说："随园一片荒地，我平地开池沼，起楼台，一造三改，所费无算。奇峰怪石，重价购来，绿竹万竿，亲手栽植。器用则檀梨文梓、雕漆枪金；玩物则晋帖唐碑，商彝夏鼎，图书则青田黄冻，名手雕镌；端砚则蕉叶青花，兼多古款，为大江南北富贵人家所未有也。"[4]可见与随园配套的器物、古玩之奢侈，花费之巨大。

随园的景点建设颇为精致，环境优美，景色秀丽。"过红土桥，即随园。柴扉北向，入扉缘短篱，穿修竹，行绿荫中，曲折通门。入大院，四桐隅立，面东屋三楹，管钥全园。屋西沿篱下坡，为入园径。屋右拾级登回廊，北入内室。顺廊而西，一阁，为登陟楼台胜境之始，内藏当代名贤投赠诗，谓之曰诗世界。……北折入藤画廊，秋藤甚古，根居室内，蟠旋出户而上高架，布阴满庭。循廊登小仓山房，陈方丈大镜二，晶莹澄澈，庭中花鸟树石，写影镜中，别有天地。……东偏簃室，以玻璃代纸窗，纳花月而拒风露，两壁置宣炉，冬爇炭，温如春，不知霜雪为寒。……斋侧穿径绕南出，曰水精域，满窗嵌白玻璃，湛然空明，如游玉宇冰壶也。拓镜屏再南出，曰蔚蓝天，皆蓝玻璃。……上登绿晓阁，朝阳初升，万绿齐晓，翠微（亭）白塔，聚景窗前。下梯东转，曰绿净轩，皆绿玻璃，掩映四山，楼台竹树，秋水长天，一色晕绿。"[5]且不说随园景点如何，景色怎样，单就随园窗户的装饰，采用了当时国内还非常稀少的玻璃，其色彩有蓝、绿、白等多种，营造出蔚蓝天空的蓝色世界、冰清玉洁的白色世界、绿杨垂柳的绿色世界，让人称奇。

袁枚死后，他的子孙继续经营着随园，随园的声名逐渐远扬，许多人慕名造访，只为欣赏随园的景致。因为参观者众多，随园的门槛都被踩坏了，每年都要更换一两次。袁枚的孙子袁祖志在《随园琐记》中记载："典试提学以及将军、都统、督、抚、司、道，或初莅任所，或道出白门，必来游玩，地方官即假园中设筵款待。游园之人，以春秋日为多，若逢乡试之年，则秋日来游之人，更不可胜计。缘应试士子总有一两万人，而送考者、贸易者，又有数万人，合而计之，数在十万人左右。既来白下，必到随园，故每年园门之槛，必更易一、二次。"

随园的经营之道

40多年来随园如此风光，如此奢华，资金投入是很大的，没有巨资运营，随园是无法独领金陵宅园潮流的。这就带来一个问题，袁枚的巨资从何而来？是否如人们推测的，袁枚的辞官是因为贪污巨大？

其实，随园能够风光40余年，与袁枚持续投入、长期建设是分不开的，更依赖于他的经营有道和多方面获利，才保持了随园建设有足够的资金投入。

乾隆十四年（1749年）袁枚辞官时，有积蓄3 600两银子，随园购买本金只花了300两银子，两年建设随园初具规模，积蓄也几乎用尽。因为辞官就没有了俸禄，乾隆十七年（1752年）袁枚赴陕西任职，或许也出于经济利益的考虑。

到了袁枚去世时，其遗嘱记录有现银 2 万余两，田产价值万余两银子。如此丰厚的财产实为袁枚重视经营、善于经营的结果。袁枚以地主、文人、出版商、教师、名人五重身份经营[6]，获利丰厚。

（1）将随园田地、山林、池塘租给 13 户人家，供其种植粮食、蔬菜、瓜果、树木，坐收地租。

（2）卖文获得稿酬。袁枚为"一代骚坛主"，声望日隆，请他写传记、墓志者甚多，出资不菲。袁枚的润笔费收入颇丰，一文卖几两银子也不足为奇。

（3）袁枚自刻小仓房全集销售，自己写书，自己印书，自己销售，袁枚的著作属于畅销读物，收入自然不低。

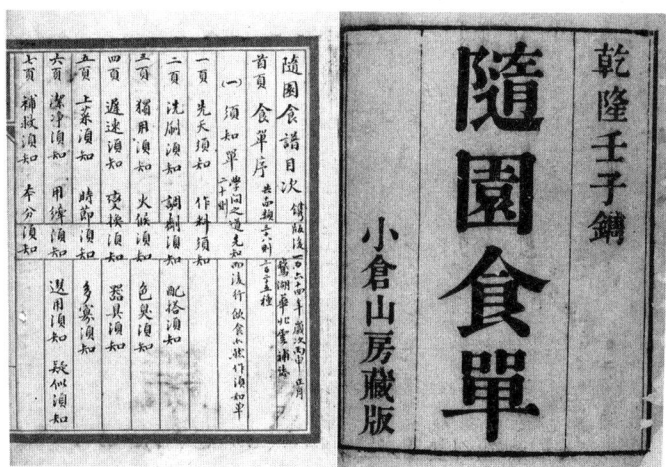

老版本《随园食单》书影

这本著作也是大名鼎鼎，中国是个讲究饮食的国度，所谓饮食男女，人之大欲。袁枚总结了饮食中的科学性、艺术性，结合养生、口感等，写成《随园食单》，今天还是饮食界推崇的宝典。袁枚著作中，版本最多的大概就是《随园食单》了。

（4）袁枚还开帐授课，招收学生，学费收入也非常可观。

（5）名人效应。袁枚经常受邀四处免费游玩，获得馈赠，获利多多。

苏州大学王英志教授《随园性灵》认定袁枚具有四种身份，笔者加了名人身份。事实亦是如此，以袁枚的诗坛盟主身份，有多少人仰慕，渴望得到他的提携，题写诗文匾额。这与如今的"学术超男"易中天、"学术超女"于丹的情况可以类比，在中央电视台《百家讲坛》出名之后，易中天、于丹的书首印就是几十万册、百万册，一本书的版税就是几百万元的收益，其名人效应还体现在各地疯狂地请他们巡回讲课，讲课费一次就是数万元。

这五种经营渠道与方式，与我们现在流行的经营，利润较高的五个方面颇为相似——出租房屋，收取房租；写书拿稿费；题字卖字画；出版印刷畅销书；开学堂办教育；名人广告效应。如此看来，袁枚颇有商业眼光，也很具超前意识和开拓手段，能把握时机，全面经营，因此获利多多。

随园的社会影响力

随园不仅是袁枚购置的产业，是他居住的家园，而且袁枚将建筑随园、管理随园当成一项事业，把随国当成一件作品来精心打造、经营。袁枚筑园后，先后撰写了六篇随园记，[7] 还撰有《随园二十四咏》。他还提出了营园必须不断完善的见解。"今园之功虽未成，园之费虽不赀，然或缺而待周，或损而待修，固未尝有迫以期之者也。"他觉得筑园不能只是建而不管，管理维护不能懈怠，"前年离园，人劳园荒，今年来园，花密人康。我不离园，离之者官，而今改过，永矢勿谖"。

随园于乾隆十四年（1749 年）三月落成，除其中有一年袁枚捧檄文入陕西外，一直居住于此，直到嘉庆二年（1797 年），袁枚 82 岁时死在随园，他居住、经营随园长达 45 年之久。

与李渔的芥子园一样，随园也颇具盛名。或许是因为受《随园诗话》、

《随园食单》的文化影响，随园也已经成为一个文化置业的品牌，提到随园人们就会想到袁枚，想到随园老人，想到小仓山的居所，想到《随园诗话》、《随园食单》这两本书。

随园老人已经去世二百多年，当时他的《随园诗话》、《随园食单》却被书商、出版社翻印无数。提到清代的诗坛，中国诗论，人们定要说及袁枚；说到中国饮食的发展、文人的饮食菜谱，必然说到赫赫有名的《随园食单》。

今日随园物是人非

随园在道光初年开始颓败，"楼阁倾颓，秋风落叶"（钱泳《履园丛话》卷二十"随园"条），这时距袁枚去世不到 30 年。笔者推测大概是维护随园的费用太高，难以为继，袁枚的子孙大都有功名、有家产，不愿意为维护随园的运转投入巨资，主要是投入与产出不成正比，亏空巨大。

到了太平天国进驻南京时，随园遭到了较大破坏，园林景观被开垦成粮田，陈作霖在《炳烛里谈》中记述"自经粤乱，复寻旧迹，则平原一片，双湖水仅一泓可辨。向西小仓山尚存以外，绝无坡陀处。乃寻野老，详询其故。则洪寇因粮饷告乏，填平洞壑，资田以供给伪王府之食米，故陵谷一变。及江南克复后，复有棚民垦种山谷，其土日壅日高，遂不能按图而考其迹矣"[8]。

咸丰三年（1853 年）随园毁于太平军的战火。太平军之所以要毁掉随园，据说是因为袁枚的一个孙子曾在苏州做过县太爷，与太平军交过手，让太平军损兵折将锐气大伤，太平军痛恨袁枚的孙子，毁掉随园，颇有点掘坟戮尸的意味。

20 世纪 30 年代，中央大学教授朱偰先生考察金陵古迹时，写成《金陵古迹图考》一书，书中有道："旧事迹荡然，仅有清袁随园先生墓碑，当干河沿南山坡上，袁子才先生祠，破椽一楹，当干河沿北；今又筑为马路，随园旧迹，扫地尽矣。"[9]说及袁子才旧迹的湮没，朱偰先生用了"扫地尽矣"，不胜怅然。

五台山百步坡上的袁枚墓

为兴建五台山体育场馆的需要，当时的工程建设指挥部于1974年3月18日开始，历时3天，对袁枚墓进行清理，共清理墓葬3座。1座男墓，为袁枚所葬；2座女墓，为袁枚妻妾所葬。墓室长2.5米左右，皆为砖室。随葬品有金簪3枚，金耳环2副，玉带片20块，以及玉簪、铜镜、瓷罐等。

今天随园、百步坡的地名还存在，但物是人非，地理环境早已发生了巨变。随园的沧桑流变，不是一天所为，太平天国时期，随园就被辟为稻田，想来当时随园一带已经由繁华蜕变为荒凉。

20世纪50年代，袁枚墓还被列为江苏省级文物保护单位，墓前有石牌坊，上刻"清故袁随园先生墓道"，并树立"皇清诰授奉政大夫显考袁简斋之墓"石碑一块，碑文为古文字学家姚鼐所撰。"文革"十年浩劫中随园全部被毁，仅残留墓址。1974年3月，为建设五台山体育馆，对袁枚墓址进行了全面清理。随园仅存的袁枚墓地被铲除了，袁枚留在南京仅有的一点物质遗存也茫然无存。

　　时光荏苒，随园一带几经变化，随园的文化氛围早已荡然无存，有的只是世俗的商业气息。道路宽敞，树木高大，广州路两侧建起若干高楼大厦，尽管南京大学、南京师范大学、河海大学数所高校也紧邻随园，但是随园的旧址、随园的茔地、随园的文化底蕴却没有一项保留下来，除了随园的名称以及一处与随园毫不相干的火柴盒式样的随园大厦。许多人仰慕袁枚的大名，欣赏袁子才的文学成就，来南京欲寻找随园的文化遗存，却无处寻觅，两手空空，怅然而归。

南京能否恢复随园历史遗存

　　袁枚晚年定居南京，修筑随园，为南京打造出了一个享誉中国的文化品牌，包括《随园诗话》、《随园食单》等文化著作在内，这是一笔宝贵的文化财富。许多文化底蕴、文化价值和影响力远远低于随园的景点、名人故居都得以修复、复建，我们有什么理由不恢复随园的文化历史遗存呢？

　　今天的社会有明显的市俗化倾向，见利忘义，往往扒掉文物、毁掉古董，修建一些不伦不类的人造景点、假文物、假古董，欺骗市民，糊弄游客。文物的价值就在于它凝聚了历史文化内涵，具有无法替代的性质。文物或许破旧，不美观，但是它的文化历史价值依然存在，毁灭了文物，就毁掉了它的历史价值。假文物、假古董无论怎么精美，都没有文物和历史价值。

　　虽然随园建筑和随园老人的墓地早已荡然无存，历史概念的随园已经不存在了。但是随园的原址依然可以找到，即使无法复建随园建筑，至少可以竖一块石碑，告诉人们随园的历史渊源，让人们记住这里曾居住过一位文化老人，这块热土诞生过《随园诗话》、《随园食单》这样的文化佳篇。

今日南京随园（黄沐天摄）

随园的地名至今还保留着，但是在今日随园的地段上已经找不出当年袁枚修筑随园的痕迹，只能寻到大体的位置。斗转星移，物是人非，20 世纪 50 年还能见到的袁枚的墓穴，现今早已被清扫一空。袁枚的印记只保留在典籍中，而没有保存在现实中。袁枚丰富了南京历史文化，南京却没有给他一处现实的纪念，哪怕是一块墓碑、一块纪念的牌匾、一个地名的标志。

一方水土养育一方人，袁枚选中小仓山修筑随园，绝非偶然。小仓山僻静、幽雅，近可缅怀紧邻清凉山的耿直的画家龚贤、智慧的政治家诸葛亮，远可眺望钟山，浮想联翩。随园凝聚了厚重的文化内涵，它已经超出了房屋物质的概念、艺术的形式。王小波先生说过："真古迹使人留恋之处，在于它历尽沧桑直至如今，在它身边生活，你才会觉得历史还活着。要是可以随意翻盖，那就会把历史当做可以随意捏造的东西，一个人尽可夫的娼妇。古迹可以使他感到自己不是属于一代人，而是属于一族人，从亘古到如今。"[10]

[注释]

[1] 对袁枚辞官的时间，有不同的说法。《中国大百科全书·中国文学卷》说是乾隆十三年（1748 年）。汪菊渊则说是乾隆十七年（1752 年），袁枚因父丧解官，返宁重新修缮随园，从此不再致仕。见汪菊渊：《中国古代园林史》，北京：中国建筑工业出版社，2006 年，第 691 页。

[2] 薛冰：《家住六朝烟水间——南京》，上海：上海古籍出版社，2000 年，第 203 页。

[3][9]朱偰:《金陵古迹图考》，北京：中华书局，2006 年，第 258 页。

[4] 袁枚遗嘱写于嘉庆二年（1797 年），也就是袁枚辞世之年。

[5] （清）袁起：《随园图记》，转引自陈作霖撰，陈诒绂撰：《金陵琐志九种》，南京：南京出版社，2008 年，第 480 页。

[6] 袁枚的经营情况，详见王英志：《随园性灵》，南京：东南大学出版社，2004 年，第 74 页。

[7] 六篇随园记分别是：《随园记》、《随园后记》、《随园三记》、《随园四记》、《随园五记》、《随园六记》。

[8] 陈作霖、陈诒绂：《金陵琐志九种》，南京：南京出版社，2008 年，第 335 页。

[10] 田茜、张学军：《十个人的北京》，北京：华夏出版社，2003 年，第 202 页。

十 吴敬梓秦淮水亭置业

吴敬梓的秦淮水亭比袁枚的随园幸运，虽然吴敬梓在南京置业的秦淮水亭原有房屋已经无存，但是经过研究者的考证，在南京秦淮河畔淮清桥段，按照原来的样式复建了秦淮水亭。

吴敬梓是讽刺小说《儒林外史》的作者，了解中国文学史的读者对其都比较熟悉。吴敬梓（1701—1754 年），安徽全椒人，字敏轩，又字粒民，因其书斋署"文木山房"，晚年自号文木老人；又因自故乡安徽全椒移居南京，故又自称秦淮寓客。中年时，举家搬迁至南京安家落户，创作了不朽名著《儒林外史》，在这部反映 18 世纪中国社会的风俗画卷的巨著中，作者以浓重的笔墨，描述了南京的风土人情。

吴敬梓祖上拥有大量田地房屋

吴敬梓出生于一个世代科举的封建地主家庭，祖上拥有大量田地、房屋和奴仆，曾祖吴国对是顺治十五年（1658 年）的探花，与诗人王士禛同榜，官至翰林院侍读，提督顺天学政。60 年间，他们一家有进士、举人功名以及出仕的官员十四五人，贡生、秀才之类不计在内。吴敬梓的家庭可以说是科举鼎盛的缙绅世家。但其父亲吴雯延只是一个秀才，未曾中举。吴敬梓过继给长房吴霖起为嗣，13 岁时母亲过世，14 岁随继嗣父离开家乡，后来因为父亲去世、遗产之争等原因，家道中落，吴敬梓亦因此饱尝世态炎凉。

吴敬梓 18 岁考取秀才，有了获取功名的基础，算是青年得志。然而，嗣父吴霖起去世，近房中不少人觊觎遗产，吴敬梓是嗣子，族人于是有了可乘之机。"兄弟参商，宗族诟谇。"（《移家赋》）乃至发生了亲族冲入家中攫夺财产的事件。经过这场打击，吴敬梓看破世态炎凉，开始放纵自己。在外面花天酒地，甚至把歌伎招到家里来，在家里开堂会，与歌伎通宵达旦寻欢作乐，肆意挥霍，家里的积蓄、房产逐渐被他消耗、变卖。仅仅三年光景，吴敬梓就将父亲去世后分在他名下的两万金家产挥霍一空。[1] 程晋芳《文木先生传》有云："袭父祖业，有二万余金。素不习治生，性复豪爽，遇贫即施，偕文士辈往还，饮酒歌呼穷日夜，不数年而产尽矣。"

在 30 岁以前，吴敬梓就已将田地、房产变卖光了，结果"田庐尽卖，乡里传为子弟戒"。（《减字花木兰·庚戌除夕客中》）在家乡舆论的压力下，他在 33 岁时移家南京。

36 岁那年，吴敬梓曾被荐应博学鸿词考试，但是刚参加了省里的预试，就托病辞去征辟（陈美林先生告诉笔者吴敬梓患有消渴症，即糖尿病），从此过着素约贫困的生活，一直到最后客死扬州。

举家移居金陵秦淮水亭置业

雍正十一年（1733 年）二月，吴家移居金陵。吴敬梓移居南京有多方面的原因。第一，他的先人曾从浙江温州迁徙到江苏六合，再移居到安徽的全椒。[2] 第二，吴敬梓少年时，生父吴雯延于康熙三十五年（1696 年）在南京读书，后来又在南京卧病，吴敬梓不得不经常往返于赣榆、南京、全椒之间，因此得以游览南京的六朝遗迹，欣赏湖光山色，对南京印象深刻。第三，吴敬梓的族人也曾多次在南京居住。有的是借住，有的是在南京购房，对吴敬梓有影响。第四，吴敬梓此举也是为了远离族人，避免受到他们的指责、讥讽。这次搬家，让吴敬梓摆脱了世俗、家族及人事的羁绊。

生父吴雯延在南京读书时，借住在清凉山脚下虎踞关附近的丛霄道院，并非自行购房居住。族兄吴檠在南京居住后，也没有购置房舍，而是"也向秦淮僦舍居"（《九日约同从兄青然登高不至四首》）。他的一位曾担任过广西修仁县知县的金舅氏，在南京西南红土山附近倒是建有自己的房产五柳园。[3]

在迁徙南京之前的雍正八年（1730年），吴敬梓就作有《减字花木兰》八首，有"秦淮十里，欲买数椽常寄此"的感慨，换言之，他早就看中了金陵的风土人情，有在金陵购买房屋过后半生的打算。

吴敬梓移家南京后，全家居住在秦淮水亭。"癸丑二月，自全椒移家，寄居秦淮水亭。"（《买陂塘》小序）"我亦有闲庭两三间，在笛步青溪板桥西畔"（《洞仙歌》），在《青溪》一诗小序中更是明确，"过大中桥而北为青溪。……其流九曲，达于秦淮。……入濠而绝，所谓青溪一曲也。秦淮水亭相连"。陈美林教授考证：秦淮水亭在笛步、青溪一带，也就是六朝时陈朝尚书令江总宅第的遗址。[4]

离开全椒迁往南京时，吴敬梓的经济状况并不佳，因为"前不久他刚续娶了叶氏，手头更加拮据。迁徙的费用从何而来呢？他不得不变卖一些祖宅。"[5]变卖祖宅后，吴敬梓手头略有积蓄，所谓"田庐尽卖"是夸大之词。据考证，秦淮水亭确实是吴敬梓用变卖全椒祖上的赀财购买的一处住屋，但他当时还没有到一贫如洗的地步，否则，也不可能在几年之后捐资修建泰伯祠。

秦淮水亭人文底蕴深厚

移家金陵后，吴敬梓卜居秦淮河白板桥西水阁上的秦淮水亭，吴敬梓在此撰写了讽刺小说《儒林外史》。

秦淮水亭为陈朝江总宅地遗址，位于淮清桥附近，占尽风光之胜。唐人刘禹锡称："池台竹树三百亩，至今人道江总宅。"可见即使到了唐代，秦淮水亭的居住环境仍然很优美，而且占地面积比较大，有三百多亩的地盘。

但是沧海桑田，江总宅第历经几度兴衰。同样是唐代，到了刘禹锡之后的唐人许浑时期，江总宅第已经废弃，只是还保持着旧时的风光，房屋已经荒废，许浑诗云："身没南朝事已荒，邑人独赏旧风光。"

宋时江总宅第为段缝所得。经过修葺，又恢复了兴旺，环境仍然幽雅，大文豪苏轼见到后很是羡慕，作诗云："若得与君连此巷，故应终老忘西川。"诗中有此地居住，可以在此终老，不再有回家乡之想。可以说秦淮水亭江总宅地是一处风景名胜之地，人文底蕴深厚。

然而没过多久，风吹雨打，江总宅第再次萧条，宋人马光组诗亦云："江家宅畔成花圃，东府门前做菜园。"昔日的院府大宅，已颓废到变成花园、菜地了，可见江总宅第桥亭池阁屡建屡圮。

好在水亭周围依旧山清水秀、花木荫深，仍然受到文人骚客的追捧。从文化景观方面讲，这是一处怀古追思、探讨历史的好地方。

秦淮水亭环境幽雅

吴敬梓移居金陵，选择再三，看中了位于淮清桥畔的秦淮水亭。当年秦淮河水清澈，两岸居民甚多，秦淮河给他们带来了繁荣、富庶。外地的游客乘坐画舫穿行在美丽的秦淮河上，感受着十里秦淮、六朝金粉的繁华和热闹。"秦淮三月东风多，垂杨夹岸来莺梭。红阑十里湘帘卷，兰桨千双画舫过。"（《苕苕曲》）

南京秦淮水亭吴敬梓故居大门（黄强摄）

南京吴敬梓故居位于秦淮河畔淮清桥边。历史遗存早已荡然无存，现在的故居是根据陈美林教授的考证，在原址复建的。建成初期免费开放，慕名来访的游客不少，后来一半房屋租赁给一家茶社，由北门进出，白天铁将军把关；西门被小商贩占据，卖起了茶叶、花木，吴敬梓故居渐渐失去了文化气息。

对于秦淮水亭这处房屋，吴敬梓极感惬意，他在辞赋中再三称美。有"偶然买宅秦淮畔，殊觉胜于乡里"（《买陂塘》之二）"爱买数椽二居，遂有终焉之志"的感慨。因为没有留下图像资料，秦淮水亭的原貌早已荡然无存，但是我们从吴敬梓的一些诗文中，仍然可以看出当年秦淮水亭的规模和环境。

小亭卜筑板桥西，一桁春山与屋齐。

可爱阑干临水面，数株垂柳绿云低。（《感旧十三首》其一）

故宅空传庾信居，风流消歇十年余，

而今门巷依然在，燕子来时认旧庐。（《感旧十三首》其十三）

在秦淮水亭居住是吴敬梓在南京生活最为惬意的时期，他广交朋友，开始以笔为刀枪，撰写《儒林外史》。南京是他的第二故乡，成年之后，吴敬梓在南京生活的时间远比在安徽全椒的时间长，也可以说是南京的水土养育了这位文学巨匠。

但是在南京生活也有不如意的地方，也就是秦淮水亭虽好，毕竟房屋狭窄，"茶铛药碓残书卷，移趁半江潮下，无广厦"（《买陂塘》之一）道出了他经济的窘况。吴敬梓在南京的生活，除了当初移家，变卖祖产的钱外，并无其他经济来源。这笔费用主要用于购买秦淮水亭，以及日常家庭开支，基本上是坐吃山空。余下的一些积蓄又用于修建泰伯祠，因为修祠"工费甚巨"，吴敬梓不得不"售所居屋以成之"（《儒林外史跋》），让他陷入更加窘迫的困境。按照《文木先生传》的记载："（吴敬梓）乃移居江城东之大中桥，环堵萧然，拥书数十册，日夕自娱。窘极，则以书易米。"没有钱买米，就用书换米。因此，此时的吴敬梓对年少时放荡生活也是有所悔悟的。所谓卖文为生，以吴敬梓的性格，又能卖得几文钱？如何可以养家糊口？

吴敬梓晚年困窘，无力修葺，以致秦淮水亭梁空墙坏，草盛人稀。二百余年，陵谷变迁，更无遗迹可寻。

《儒林外史》中的南京风物

吴敬梓居住在南京，在南京置业盖房，融入了南京社会，他居住在南京秦淮河畔，渐渐熟谙了南京的风土人情，他将明清之际秦淮河畔的繁盛，融情入画地写进了著名小说《儒林外史》之中："话说南京城里，每到四月半后，秦淮景致渐渐好了，那外江的船，都下了楼子，换上凉篷，撑了起来，船舱中间，放一张小金漆桌子，桌上摆着宜兴的砂壶，极细的成窑、宣窑的杯子，烹的上好的雨花毛尖茶，那游船的备了酒和菜肴及果碟到这河里来游，

就是走路的人，也买几个钱的毛尖茶，在船上煨了吃，慢慢而行。"（第41回）

这极平常的事与景，在吴氏的笔下却是情趣盎然，流露出悠悠的闲适与淡泊。不过，最让人为之赞叹的则是对秦淮河夜色的描写，这是吴敬梓摹景状物的精彩之处。

南京的清凉山、水西门、东水关等名胜、景物以及南京人的生活在《儒林外史》里有很多的描述，秦淮河畔的夜色在吴敬梓笔下不仅生动，也富有情趣，瞧："那秦淮河到了有月色的时候，越是夜色已深，更有那细吹细唱的船来，凄清委婉，动人心魄，两边河房里住家的女郎，穿了轻纱衣服，头上簪了茉莉花，一齐卷起湘帘，凭栏静听。所以灯船鼓声一响，两边帘卷窗开，河房里焚的龙涎、沉速、香雾一齐喷出来，和河里的月色烟光合成一片，望着如阆苑仙人、瑶宫仙女。"（第24回）"到天色晚了，每船两盏明角灯，一来一往，映着河里，上下明亮，自文德桥至利涉桥、东水关，夜夜笙歌不绝。"（第41回）

千百年来的秦淮风月，就是这么一幅画面，那么优美，那么妩媚，那么令人神往。连南京的酒保也具有六朝烟水的韵味。假如吴敬梓不在秦淮河畔置地盖房，他焉能融入南京的市井生活，了解南京的风土人情？显然迁居南京，买地建房，安营扎寨在南京，吴敬梓就有了深入了解南京的契机，所以，可以说房屋的建设影响了吴敬梓的创作。

明清时期是六朝古都南京经济文化发达的黄金时期，也是十里秦淮最繁盛的时期。文人骚客撰写了许多关于南京和秦淮河的文章，但是吴敬梓的《儒林外史》却与众不同，他以独特的艺术情趣，用他的生花妙笔，勾勒出明清时代南京市民的风俗画，为后世研究南京的民俗风情、经济制度、历史掌故，提供了有价值的佐证。朱自清、俞平伯、曹聚仁关于秦淮河的著名散文，都曾从吴氏的《儒林外史》中吸取营养，对其有所借鉴，并有所创新。

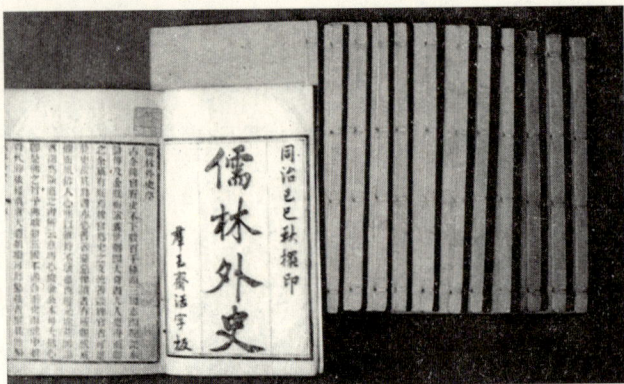

清同治八年群玉斋《儒林外史》木活字本

　　同治八年（1869 年）本，这是《儒林外史》较早的刻本。群玉斋本 56 回，半页 9 行，行 20 字，卷首有排印的闲斋老人序，此本字大清晰，是当时很流行的版本。《儒林外史》写成于清乾隆十四年（1749 年）之前，根据金和《儒林外史跋》，初刻本是"全椒金棕亭先生官扬州府教授时梓以行世，自后扬州书肆刻本非一"。可惜此种金刻本迄今未发现。今天所见最早的刻本是清嘉庆八年（1803 年）卧闲草堂的巾箱本（简称卧本），共 16 册，56 回，半页 9 行，行 18 字；其次是嘉庆二十一年（1816 年）的清江浦注礼阁本（简称清本）和艺古堂本（简称艺本）。清本、艺本德版框、行格等与卧本相同，实际就是卧本的覆印本。此外还有苏州潘氏抄本（简称抄本），苏州群玉斋本。

　　写南京的古典名著最主要的是两部小说、一部戏曲，即《儒林外史》、《红楼梦》和《桃花扇》。这其中既明确反映南京城若干准确的地名（至今还保存下来的景点如清凉山、秦淮河、水西门、东水关），又是在南京著成的只有这部《儒林外史》。

金陵景物图诗

　　除了名著《儒林外史》，吴敬梓长期居住在南京，经常走访南京的名胜古迹，写下了描述南京景物风情的《金陵景物图诗》，对南京名胜古迹中的冶城、凤凰台、雨花台、燕子矶、灵谷寺、乌衣巷等，均有生动的描写、点评。

明清时期，武庙古闸一带有百姓居住。吴敬梓在《金陵景物图诗》中有如此描述："两岸皆竹篱茅舍，渔唱樵歌，互答以冷烟衰草之外，耕夫扶犁，渔家晒网。"这是诗意的生活，有陶渊明《桃花源记》遗韵，抑或是文人的一种美化。只是时至今日，吴敬梓笔下的那种浪漫情调，早已荡然无存。城墙下茶室中来的仅仅是稀疏的客人，身上还保留着一份读书人的文化气息。

南京城南的杏花村曾经是南京著名的景点，吴敬梓《金陵景物图诗》中有专咏杏花村的诗篇，他在题词中说："贵池有杏花村，以杜牧'牧童遥指'之句得名也。金陵亦有杏花村，在城中西南隅凤凰台下，无所谓村也。然居民丛集，烟火万家，机杼之声相间，染练之砧不断，锦绣成坊，足胜杏花春色。"吴氏对杏花村的怀念情结在《儒林外史》中有流露，"记得当时，我爱秦淮，偶离故乡。向梅根治后，几番啸傲；杏花村里，几度徜徉"。金陵杏花村最终未能保存下来，是件憾事。

《金陵景物图诗》在每一首诗的前面都冠有一段小序，记述这一景物的历史演变。考证历史，融情入景，为我们了解南京的自然景观提供了一份弥足珍贵的历史资料。

对秦淮水亭置业的肯定

吴敬梓选择在秦淮河畔置业，笔者认为他还是很有环境意识与商业眼光的。

首先，是秦淮河畔环境优美，秦淮水亭属于亲水房屋。而且此处是历史文化名人的旧宅遗址，有人文底蕴，小桥流水环绕房屋，文化古迹就在身边，确实赏心悦目，有利于陶冶情操。

秦淮水亭牌匾（黄强摄）

秦淮水亭的牌匾挂在南京吴敬梓故居内。水亭紧挨秦淮河，当年的秦淮水亭周围景色优美，吴敬梓在此创作了《儒林外史》，如今因为管理不善，水亭的诗意、六朝烟水的气息却淡得很，游人已感受不到水的弥漫，水的清新。

其次，从现在的置业观念来讲，秦淮水亭处于商业繁华区，交通便利，有增值的空间。

再次，购买秦淮水亭时，周围环境虽美，但是住宅颓败，尚未开发成住宅群、住宅片，其所花费用较低。购置秦淮水亭究竟花了多少两银子因为没有明确记录，我们不得而知。以当时吴敬梓的状况，举家移居金陵，祖上的积蓄已经被他消耗一空，手上有些钱，却不可能有大把的银子购买豪宅。只能在秦淮河畔有较深文化底蕴、曾经是名人古宅的地方，建造一所简单却环境幽雅的住所。也可以这么说，吴敬梓没有花太多的费用，就在秦淮河畔拥有了一处属于自己的房产。

然而，这块花费不多而获得的房屋，并没有被吴敬梓保持多久，前文已说，因为修建泰伯祠，吴敬梓曾将秦淮水亭售出，至于是将房屋变卖，还是典当、出租，尚不明确。不过，至此吴敬梓的经济每况愈下，41岁时他开始经常外出，投亲靠友，以求救济。尽管回南京时还在秦淮水亭住宿，却很少

能长住，总是漂泊在外地，直到穷困潦倒病死在扬州。遗柩由扬州用船运回
南京，安葬在清凉山脚下，一说葬于城南凤台门附近。其安葬费由吴敬梓生
前好友，曾任江宁知府、两淮盐运使的卢见曾出资。

　　由此可知在古代社会，在没有其他经济来源的情况下，依靠房屋为生存
基础的家庭，一旦失去了房屋，就失去了生活的保障。这也是在中国古代社
会，人们看重房屋的一个根本原因。有房才有家，安居才能乐业。

对今日秦淮水亭的感慨

　　今天的吴敬梓故居位于淮清桥附近，临水而建，有秦淮水亭、文木亭、
吴敬梓塑像，在回廊墙壁上镌刻着反映吴敬梓"石城暖足"等生平事迹的壁
画。中国《儒林外史》研究权威、南京师范大学陈美林教授撰写了《秦淮水
亭重建记》："惜（吴敬梓）晚年困窘，修葺乏力，以致梁空墙坏，草盛人
稀。二百余年，陵谷变迁，更无遗迹可寻。今值时和岁丰，文明昌盛，学术
繁荣，秦淮风光，云蒸霞蔚。中外人士来游者无不颗迹追踪先贤遗址。……
今特重建秦淮水亭，俾便四方之士休憩其间，远眺钟山，近临淮水，追念先
哲，思齐时贤。"

　　站在吴敬梓故居的院落，"远眺钟山，近临淮水，追念先贤，思齐时贤"，
确实有很多感慨。然而，令人遗憾的是吴敬梓故居并没有得到很好的保护与
旅游开发。来缅怀吴敬梓的学子、游客寥寥无几，吴敬梓陈列室已经落满灰
尘，一片沧桑。倒是一些老年市民常来此唱戏、娱乐，颇有市井茶园、世俗
戏台的感觉。进来唱戏的人需交上一两元钱作为入园费，以维持打理故居的
费用。想当年吴敬梓贫困之极，客死扬州时，人们清理其遗物，除典当衣服
的钱还剩少许外，已经一无所有。[6]今天的吴敬梓故居也在惨淡经营，似乎有
些讽刺的意味。

吴敬梓故居内文木亭（黄强摄）

文木亭建在南京吴敬梓故居内，以吴敬梓的字命名。因为疏于管理，杂草丛生，物品凌乱，与文木亭不相符合。

"旧时王谢堂前燕，飞入寻常百姓家。"历史的沧桑，总会让人们记住有人文底蕴的名胜古迹，以及对文化有贡献的名贤。秦淮水亭是否也让我们在了解到吴敬梓南京置业的同时，感悟到历史的苍凉？

不知当年花费十年工夫，多方呼吁，才复建了吴敬梓秦淮水亭的陈美林教授，今年可故地重游？假若见到此情此景，他又有何感慨？

[注释]

[1]（清）程晋芳：《文木先生传》云："袭父祖业，有二万余金。素不习治生，性复豪爽，遇贫即施，偕文士辈往还，饮酒歌呼穷日夜，不数年而产尽矣。"见李汉秋：《儒林外史鉴赏辞典》，北京：中国妇女出版社，1992年。

[2][3] 陈美林：《吴敬梓评传》，南京：南京大学出版社，1992年。

［4］陈美林：《吴敬梓"秦淮水亭"考索》，载陈美林：《吴敬梓研究》，上海：上海古籍出版社，1984 年。

［5］过去由于维持生活变卖田产，吴敬梓并不觉得可惜。但是因为要离乡背井，一时割舍不下，最后终于决然地出卖了家宅。详见《吴敬梓评传》第三章第四节《移家南京》。

［6］陈美林：《吴敬梓的时代、生平、思想和创作》，载：《儒林外史辞典》（第一编），南京：南京大学出版社，1994 年。

十一　曹雪芹家族两京置业

　　《红楼梦》中的大观园赫赫有名，但是曹雪芹笔下的大观园究竟是以什么为蓝本创作的？有学者说大观园的蓝本就在南京大行宫，也有说在北京的。大观园固然是文学作品中的园林建筑，但确实是作者有所依据的现实园林的文学化。那么，大观园究竟与曹雪芹有什么样的关系？曹雪芹的故居在何处？

　　《红楼梦》的作者曹雪芹（1715—1763年），名霑，字梦阮，先世原是汉族，后为满洲正白旗"包衣"。[1]所谓"包衣"就是家奴。曹雪芹之家，是满洲正白旗下的包衣"家奴"，但从清代中叶以后，多误说曹家是"汉军"。[2]

　　曹家的兴盛依靠的就是皇家家奴的身份，得到皇帝的宠信，外放为江宁织造，为皇室督造织物，兼有皇帝耳目之责。遂有财力、权力，在南京置地建房，形成庞大的家业和家族势力。

江宁织造与曹家的关系

　　要了解曹家的发迹与衰败，都必须先从江宁织造说起。

　　南京的蚕桑丝织历史可以追溯到三国和南朝时期。从13世纪70年代以来，江南的江宁、苏州和杭州三地，已经成为特种锦缎的重要产地。1280年元世祖在建康（今天南京）设立"东、西织染局"；明代在南京设有内织染局、神帛堂和供应机房，在苏州、杭州也设有织染局。清代沿袭宋代以来历代官府在江南经营丝织工业的旧制，在江宁、苏州和杭州三地设立"以官领

147

之，以授匠作"的官办织局，为皇宫、官府采办丝绸织物。[3]

清代的官营织造，经营规模比明代的小，只在京城北京和江南的江宁、苏州、杭州四处设局。《清会典》记载："织造在京有内织染局，在外江宁、苏州、杭州有织造局，岁织内用缎匹，并制帛诰敕等件，各有定式。凡上用缎匹，内织染局及江宁局织造；赏赐缎匹，苏杭织造。"由这段记录可以得知，江宁织局是织造御用锦缎的主要生产机构。

清代江宁织造，通常分为两个部分：织造衙署是督理织造官吏驻扎及管理织造行政事务的官署；织局是织造生产的官局作场。换言之，前者是管理机构，后者是生产工厂。江宁织局的官员，根据《江宁府志》卷十九记载："督理织造一员，无常品（例以内务府官员为之），驻江宁。司库一员，正七品。笔帖式二员七品。库使二员，正八品。乌林达（满语，汉译为司库）一员，未入流。督理龙江西新关务（织造兼营），驻江宁。"由此可知，江宁织造衙署是一个掌管织造业务的机构，有专门的衙门，担任织造官员的必须是内务府的亲信人员，其品秩没有限定，可以是七品官员，也可能是四品、五品官员。

江宁织造除了督理织造事务外，还监管地区的税务，兼任皇室在江南的采购、办事等任务。[4]曹玺一家三代四人任江宁织造60余年，其身份就是无常品的皇室包衣、内务府官员。因江宁织造多由皇帝亲信的八旗人内务府大臣担任，称为"江宁织造部院"，其地位仅次于两江总督，更受皇帝的信任，能直接向清政府提供江南地区的各种情报，所以权势显赫。被选中去江宁做织造的，除了关系，还要有才干。"织造本非正式命官，只是一个临时的'差使'性质，表面似乎只是个'办事员'，实际带有'钦差'性质。"[5]因为是康熙皇帝的亲信，曹家江宁织造的地位显赫。曹玺出任江宁织造，帮助康熙了解江南民情，为沟通满汉之间的民族感情作出了贡献，得到康熙的赞赏，赏给曹玺正一品官阶，相当于内阁大学士的待遇，[6]正一品在清代属于最高级别的官职，相当于如今的总理级别。

曹寅康熙二十九年（1690 年）出任苏州织造，康熙三十一年（1692 年）出任江宁织造。康熙四十四年闰四月，康熙第五次南巡由江宁到扬州，曹寅接驾有功，得到内务府议叙加级，康熙批准曹寅以通政使司通政使衔属正三品的官职。

清顺治二年（1645 年），江宁府（现南京）设立了专门制造御用和官用缎匹的官办织局，至光绪三十年（1904 年）被撤销为止，江宁织造府署存在260 年，其间，主管织造的官员前后有数十人之多，其中最为人们熟知的就是曹家祖孙三代四人，即《红楼梦》作者曹雪芹的曾祖父曹玺、祖父曹寅、伯父曹颙和父亲曹頫。

曹家与江南织造的关系深厚，三代四人长期任职江宁织造之职。康熙接位后，于康熙二年（1663 年）派曹玺出任江宁织造。曹寅做过康熙皇帝的伴读和御前侍卫，康熙二十九年（1690 年）出任苏州织造，续而后任江宁织造，兼任两淮巡盐监察御史，受到康熙皇帝的宠信。曹寅出任江宁织造留下的苏州织造空缺由其内兄李煦担任。曹寅的两个儿子曹颙和曹頫也先后继任江宁织造，康熙五十一年（1712 年）曹颙继任曹寅死后留下的江宁织造空缺，康熙五十四年（1715 年）曹寅之弟曹宣（荃）四子曹頫又继任曹颙死后江宁织造空缺。[7]曹家在江宁织造任上所承担的任务，实际上已经远远超越了织造的事务，肩负康熙皇帝的特殊使命，对江南官员的监督，垂直受命于康熙皇帝。

江宁织造府是曹雪芹家在南京的遗迹，据说曹雪芹于康熙五十年（1711年）出生在江宁织造府内。曹家为江宁织造时，是江宁织造府的鼎盛时期，创造了中国云锦工艺的辉煌。南京地区的丝织业有着悠久的传统，当时仅南京市区就拥有织机 3 万多台，男女工人 5 万左右，依靠丝织业为生的居民达20 多万人，年产值达白银 1 200 万两。

南京江宁织造府博物馆（黄沐天摄）

南京江宁织造府博物馆位于大行宫与碑亭巷交汇处，在原来的江宁织造府遗址上修建。占地18 700平方米，建筑面积35 600平方米，分地面建筑和地下建筑两部分。地面建筑4层，整体上是江南园林的风貌，其中穿插"楝亭""萱瑞堂""戏台"和"有凤来仪馆"等4组代表性建筑；地下建筑两层，主要分为"一府三馆"，即"江宁织造府"、曹雪芹博物馆、红楼梦博物馆和云锦博物馆。

自曹玺到南京做江宁织造监督起，曹家就在南京落了户，到雍正五年（1727年）十二月二十四日曹家被查抄，曹𫖮北归，首尾达65年之久。曹家的主要住处乃是织造衙门，同时也是康熙皇帝南巡江宁的行宫（当时叫驿宫），这便是与北方曹家关系密切的金陵老宅。[8]

曹家金陵老宅在何处

曹家与南京的关系深厚，周汝昌、吴新雷等学者都考证出曹家在南京曾经买地置业，即建有金陵老宅。曹家金陵老宅就是织造府，那么织造府在何处呢？

第一种说法，曹家在南京小仓山，即后来袁枚构筑的随园。明末文人吴应箕在小仓山建吴氏园，即今天南京城西乌龙潭一带。明亡之后，吴应箕在家乡起兵抗清，与徽州金声等义兵相呼应，兵败后被俘，在押送府城途中被就地行刑就义。[9]入清以后，吴氏园被时任江宁织造的曹家看中了，经过扩建，演变成了曹家织造府花园。

第二种说法，织造府在督院前，即今天的利济巷。康熙七年（1668年）姚鼐《江宁府志》卷十二官署记载："江宁织造署旧在府城东北督院前，乾隆十六年（1751年），以改建行宫，时藩司兼织造，故无署，乾隆三十三年（1768年），织造舒（作者按：姓舒的织造，叫舒文）买淮清桥东北民房改建织造府署。"嘉庆本《江宁府志·建置门》记载："江宁行宫在江宁府治利济巷大街，向为织造署，圣祖南巡时，即驻跸于此。乾隆十六年（1751年），大官吏改建行殿。有绿静榭、听瀑轩、判春室、镜中亭、塔影楼、彩虹桥、钓鱼台诸胜。"光绪年间重刊的《江宁府志》记载："汉府，今驻防城西西华门尚衣局，本汉府旧址，明洪武初封陈友谅子理为汉王，居之，后为织局。"据此可知，最初织造衙署与织局同在一处，即今天的南京大行宫利济巷与汉府街一带。

嘉庆《江宁府志·建置门》记载："江宁行宫，在江宁府治利济巷大街，向为织造廨署。"吴新雷先生考证：江宁织造府建于清初江宁府上元县界，其遗址即今南京大行宫，东起利济巷（今太平南路），西至碑亭巷，北对长江路两江总督署旧址。[10]

严中先生据此考证：东至利济巷与"进御机房"即江宁织造局相邻，西至碑亭巷；南至吉祥街即今太平南路北端，大致到科巷以北一线范围内；北至督院前街即今长江路，其东为总督部院即今民国总统府遗址，西为织造府即今南京军区炮兵司令部所在地及"1912"街区。[11]

吴新雷先生绘制了一幅《江宁织造府、织造局遗址示意图》，清楚地表明，利济巷当年是曹雪芹居住的江宁织造府的东门所在。[12]当年的江宁织造府占地广大，东南西北四面分别相邻利济巷、铜井巷和科巷、碑亭巷和延龄巷以及后来的长江路等。当年的利济巷远不止现在这么短。北边延伸出去，可穿过今日的中山东路，直达长江路，惜乎这北边的一段早已湮没无闻。现在重建中的"江宁织造府"，其实只包括当年西北角的四分之一。

今天的南京碑亭巷（黄沐天摄）

大行宫、碑亭巷就是当年康熙、乾隆皇帝南巡的遗址，南京大行宫的得名，因乾隆十六年，江宁织造府署改建为皇帝南巡驻跸的行宫而得名。碑亭巷紧挨着行宫，是当年皇帝南巡驻跸的禁地，原先是一条狭窄的小路，非常幽静，因为江宁织造府博物馆的建设，进行了拓宽。

曹家老宅规模有多大

曹寅任职时，深得康熙皇帝宠信，康熙六次下江南，其中四次是由曹寅负责接驾，并住在曹家。曹家可以作为皇帝的行宫，仅从这一点上就可以推测曹家的地盘有多大。

但是在曹頫上报的奏折中，对于家产、田地的说明并不多。康熙五十四年（1715年）七月十六日的《江宁织造曹頫覆奏家务家产折》记录："奴才到任以来，亦曾细为查检，所有遗存产业，惟京中住房二所，外城鲜鱼口空房一所，通州典地六百亩，张家湾当铺一所，本银七千两，江南含山县田二百余亩，芜湖县田一百余亩，扬州旧房一所。此外并无买卖积蓄。"[13] 奏折中根本就没有说及曹家金陵老宅的情况。其原因在于金陵老宅是江宁织造府，织造府属于官府，由政府投资建设，名义上不属于曹家私产。曹家以织造府的官府为私家宅院，因此曹頫的奏折不曾说及。不过，我们也可以从其他方面来印证曹家老宅的经济规模。

第一，房屋数量与居住人口。曹家三任江南织造，是其鼎盛时期，生活奢华，人口众多。隋赫德上报《细查曹頫房地产及家人情形折》中说：曹家到雍正五年（1727年）底被查抄时，尚有"房屋并家人住房十三处，共计四百八十三间，地八处，共十九顷零六十七亩。家人大小男女共一百十四口。余则桌椅、床杌、旧衣零星等价及当票百余张外，并无别项，与总督所查册内仿佛。又家人供出外有所欠曹頫银，连本利共计三万二千余两"[14]。根据这段文字记录，在曹家颓败被治罪的衰落时候，曹家尚有19万顷的土地，住房483间，人口140多，以及别人所欠曹家的债务32 000多两银子。

第二，从《红楼梦》中的大观园来衬映、推测。曹雪芹写《红楼梦》是有现实生活来源的，他的经历就是他写《红楼梦》的生活体验。作为文学作品的《红楼梦》自然不能当成历史文献，但是对于大观园的描述，可以折射曹家居住房屋的情况。

第三，江宁织造府的规模。大致上江宁织造府的结构分为三路，"东路是办公的衙署，深达六进；中路是住家的府第，有内宅五进；西路则是戏台、射圃和花园"[15]。织造府的西园简称西花园，内有西池、西堂、西轩、楝亭、鹊玉亭、鹊玉轩等景点。西园中的楝亭是曹家会客厅，是曹家结交社会名流的重要场所。因为康熙皇帝南巡住在织造府内，为了使织造府符合行宫的要求，曹寅花了大量的金钱来修饰、布置江宁织造府。皇帝南巡结束后，"曹家的家眷就落得自己享受这规模相当于行宫的宏丽府第"[16]。

1984 年 8 月，在南京发现了曹家任职江宁织造时的花园遗址，南京市文管会考古队在大行宫小学东南角地下发现一些完整的假山基石和太湖石，还"出土了胭脂红、深绿、蓝靛色染料和黄蜡、花盆、碗碟的碎瓷片，其中有的碗碟底部烧有'大明成化年制'和'大清雍正年制'字样，以及五爪蟠龙筒瓦等。有关专家分析，认为此系江宁织造署西园遗址所在"[17]。大体上推断江宁织造府以及曹家花园就在大行宫小学一带，[18] 也即今天碑亭巷与长江路、大行宫交汇处。

曹家花园与随园、行宫的关系

对于曹家花园，也有文献说，不在今天的南京大行宫一带，而在今天的南京宁海路、广州路交汇的小仓山一带。

《袁枚随园置业》一章也曾说及袁枚买下隋氏废园营造为随园，隋氏废园前身为曹家织造府花园。对于随园与曹家花园的关系，明义《绿烟锁窗集·题红楼梦》说："其所谓大观园者，即今随园故址。"道光四年（1824 年）刊本袁枚《随园诗话》中有这样的文字："关于雪芹撰《红楼梦》一部，备记风月繁华之盛。中又所谓大观园者，即余之随园也。"但是在更早的乾隆五十七年（1792 年）的刊本中却没有上述记录。

随园前身即曹家花园，有学者赞同，认为有这样的可能；也有学者表示反对，认为是假托。顾颉刚先生曾引用《上元江宁志》中"小仓山，在上元清江门内，有随园（旧为隋织造园），袁简斋先生侨寓处也"记录，推测"《红楼梦》所以借着'石头'说话，又名《石头记》，都因南京城为石头城，小仓山又与石头城有关系的缘故。又疑《红楼梦》上的'东府'、'西府'便是织造署和随园。织造署是他们的公廨，小仓山是他们的私园，两处常常来往"[19]。

周汝昌先生是反对派，他指出"袁氏的话毫无根据，正所谓向壁虚造，信口开河"[20]。对袁枚随园即大观园的说法，不仅周汝昌先生质疑，袁枚稍后时代的人也进行了驳斥，道光前后的《红楼评梦》已经指出："袁子才诗话，谓《红楼梦》纪随园事。言难征信，无毫厘似处，不过珍爱备至，而硬拉之。"裕瑞《枣窗随笔·后红楼梦书后》说："闻袁简斋随园，前属隋家者，隋家前即曹家故址也，约在康熙年间。书中所称大观园，盖假托此园耳。"[21]

隋赫德接任江宁织造，在小仓山购置了前人转让的私家园林，是为隋织造园。因为曹家是隋赫德的前任，因此，把隋之织造园当成是曹家之织造园，才有隋赫德之后的随园，来源于曹织造园的说法。胡适先生在《与顾颉刚书》中就说过："袁枚之致误，与你上面说的上元、江宁两县志所以致误，同一道理。曹家四代做织造，而曹寅最有名，上、江两县《志》误记曹颙为曹寅，而袁枚又误记曹颙（或曹頫）为曹寅。这种'箭垛式'的人物，历史上常有。大概当时的人多听的是一个'曹织造'，却不大知道有四个'曹织造'，故凡有什么曹织造的事，人都归到曹楝亭身上。"[22]朱偰先生亦云："随园在小仓山，旧为隋织造园；袁枚官江宁县令，亦筑园于此，易隋为随。"[23]所以，在对待随园为织造花园的说法上，也可能世人知道曹织造，而将隋织造园误认为是曹织造园。

依笔者陋见，所谓随园系大观园（大观园不等于曹家花园，大观园是《红楼梦》中的园林，曹家花园是现实中的园林），是后人的附会、传言，并不是袁枚稿本中的本意，或者说袁枚稿本中原没有这样的记述，大体上乾隆间《红楼梦》还没有广泛传播，道光年间，《红楼梦》渐为世人知晓，刊刻《随园诗话》者，附庸其说，目的是利于图书的发行。因此，随园可能是曹家花园，但不能说是曹家大观园，两者的等同混淆了现实花园与文学园林的概念。

即便按照随园可能是曹家花园的说法，也不能否定大行宫一带是江宁织造府遗址，只是多出一种说法，曹家花园在小仓山一带，与江宁织造府（曹家金陵老宅）是两处。不过，从承担皇帝南巡行宫的功能看，就随园当时所处的交通情况，似乎还不足以承担康熙皇帝南巡的行宫责任。第一，随园景色虽美，但是在袁枚之前的隋织花园时，规模不是很大，第二，在袁枚在世时，康熙皇帝南巡行宫没有落在随园，袁枚去世后，随园很快颓败。由此可以推论，随园不是行宫。康熙行宫在大行宫一带是可能的。

康熙皇帝曾经六次南巡，时间分别为康熙二十三年（1684 年）、二十八年（1689 年）、三十八年（1699 年）、四十二年（1703 年）、四十四年（1705 年）和四十六年（1707 年）。第一次驻跸在江宁将军署，其余五次都驻跸江宁织造府，其中后四次都是由时任江宁织造的曹雪芹的祖父曹寅接驾的。《红楼梦》中写到康熙四次南巡。"因为曹寅所经办的康熙四次南巡的接驾大典，都在曹雪芹出生以前，如果不是先辈对他有所讲述，并且对他产生了深刻影响，他是不可能把曹寅写入自己的小说里的。"[24]

我们再来看看皇帝行宫的规模。为供应皇帝享乐而修葺的行宫，踵事增华，穷奢极侈。康熙六下南巡，巡视江苏、浙江等地，在南京、扬州等地建有行宫，以扬州四座行宫之一的高旻寺行宫为例，《扬州画舫录》卷七记载："行宫在寺旁，初为垂花门，门内建前中后三殿、后照房。左宫门前为茶膳房、茶膳，房前为左朝房。门内为垂花门、西配房、正殿、后照殿。右宫门入书房、西套房、桥亭、戏台、看戏厅。厅前为闸门厅，厅旁廊房十余间，入歇山楼。厅后石板房、箭厅、万字亭、卧碑亭。歇山楼外为右朝房，前空地数十弓，乃放烟火处。郡中行宫以塔湾为先，系康熙间旧制。"[25]

南京的地位比扬州高，其经济、文化的影响也大于扬州，南京皇帝的行宫五次落在织造府，为此"曹寅花了大量金钱来布置江宁织造署。皇帝南巡事毕，曹家的家眷就落得自己享受这规模相当于行宫的宏利府第"[26]。这也就解释了织造府为什么是曹家金陵老宅的所在。

曹家的经济收入

支撑如此巨大的宅院，江宁织造府邸，乃至成为皇帝南巡的行宫，必须有巨大的经济收入，否则难以维持。那么曹家的经济收入情况又怎样呢？

康熙十六年（1677 年），曹玺获取的俸禄是 130 两，拿的是正三品的薪饷，到了康熙十七年（1678 年），就被康熙加赏为正一品。[27]康熙四十四年（1705 年）闰四月，曹寅加正三品的通政使司通政使衔，俸禄 130 两。一百多两的俸禄，在当时社会不算低了，依照当时的物价指数，应该是进入高收入阶层了，但即便是这样的官俸，也难于置办曹家老宅，更不要说维持曹家奢华的生活了。

康熙三十八年（1699 年），康熙皇帝在南京到香林寺上香，曹寅从秣陵与和州两处购买了 420 亩土地，施舍给该寺，作为香火田，购置的费用是曹寅出的。康熙四十四年康熙皇帝到扬州，其三汊河的行宫，又是曹寅自掏腰包兴建的，[28]曹寅、李煦各出了 2 万两。不说曹家老宅（江宁织造府）的修建需要多少银子，单是这 420 亩的香火田，金额一定不少。至于扬州三汊河皇帝行宫，4 万两费用就更为可观。曹寅哪里有那么多的银子？他的俸禄是远远不够的。

花皇帝的钱为皇帝办事，这句话一语道破天机。官禄维持一般家庭开支，还算可以，要维持曹家的奢侈生活，那是远远不够的。曹家几任官员，玩的是用官家银子补贴自己的游戏，以现代的标准来衡量，说曹家利用职务之便，揩国家油水，中饱私囊，贪污也是可以的。曹寅临终时，亏空了 32 万和 26 万多两的两笔银子。不同的是，他们的亏空得到了主子皇帝的默许，康熙皇帝就允许苏州织造李煦以代理盐务的收入协助曹頫逐步退赔。[29]由此可见，曹家维持巨大经济支出的收益，不是官俸，而是盐务收入，即清代官员官俸收入以外的"耗羡"，通俗话说就是外快。黄进德先生考证，康熙五十二年（1713年），李煦为曹家代管盐差，任满时上报耗羡所得为 586 000 两银子之巨，同时期的广东全省的耗羡不过 156 000 两，曹家一家管理盐务捞外快的收入是广东一省的 3.5 倍。[30]用官家银子弥补家族开支，维持奢侈生活，寅吃卯粮。康熙五十四年（1715年），就查出江宁、苏州织造所欠银子 819 000 两。[31]

皇帝南巡，大体遵循这样的原则，费用由内务府供办开支，江宁、苏州和杭州三地织造是内务府的直属机构，其官员多由皇帝亲信担任，皇帝巡视江南的接驾重任自然就落在了织造身上。接驾费用名义上由织造出，实际上还是向内务府报销的，用的是皇帝的钱，办皇帝的事，其花费也就铺张起来，总支出自然不得少。皇帝与内务府也知道内情，对于曹寅以织造府银子、盐政银子来冲抵也是认同的。康熙"四十二年南巡回京以后，立即派曹寅、李煦二人轮管盐政，每人五年，以资弥补亏空。不过因为最后四次南巡是隔两三年一次，接连下来。曹李旧的亏空尚未清偿，新的亏空接踵而至。这笔亏空账目，始终无法完全清结"[32]。雍正继位后，以亏空之名对曹家、李家抄家法办，曹家的大厦终于坍塌。

曹雪芹在北京的居住地

雍正五年（1727年），曹𫖯被雍正以"行为不端"、"骚扰驿站"和"亏空"罪名革职，曹𫖯下狱治罪，"枷号"一年有余。曹家衰落，树倒猢狲散，这时候，曹雪芹随全家迁回北京。[33]对于曹家被抄的原因，也有多种说法：政治说、经济说、犯罪说。[34]不管什么原因，康熙皇帝身边的大红人曹家倒塌了，江宁织造府时期的繁华终成一梦。

曹家迁居北京后，安置在什么地方？有无房产？周汝昌先生认为：曹家迁居北京后，曾经在多处居住过。曹家被抄之后，雍正下令将曹家一干人马押回京城，经人求情，雍正才"特恩"曹家居住在崇文门外花儿市南面的蒜市口一处小四合院内。[35]

此外，传说曹雪芹遇到家难之后，曾一度居于北京外城广渠门内不远的卧佛寺。周汝昌先生记述，当年齐白石先生曾于某年秋天，去卧佛寺寻访、凭吊曹雪芹的遗迹。1963 年周汝昌撰写《齐白石和曹雪芹故居》一文时说："卧佛寺至今犹有部分残存，但久已废为民居。大卧佛全体木雕，极为宏伟，至少是明代艺术遗物，至可珍惜。院中古槐一株，倾敧生姿。据说当初庙中有跨院，颇有亭石花木之胜，曹雪芹寄寓，可能有取于此。"投奔外城寂寞萧凉的古庙那里去存身，这也在情理之中。[36]周汝昌先生多篇文章说到曹雪芹在北京的居住情况，但是从周先生表述的情况分析，并无铁证，也只是推测和传闻。

后来，学者们发现了曹家房产奏折，其中记录曹家"唯京中住房二所"，一所在"外城鲜鱼口"，另一所在城内。这两处住房，红学家考证，一处在北京东城，贡院附近；另一处在北京城西西北角。[37]奏折是真实的，因此奏折表示的曹家房产的可信程度大大提高。说明曹家被抄，并没有没收所有的财产，还是网开一面的。与鼎盛时期比较，曹家虽然衰败，但是居住有房，生活有粮，勉强可以过活。

家族、居家对曹雪芹创作的影响

曹家鼎盛时，曹雪芹年龄并不大，他所感受到的曹家飞黄腾达不过 10 年左右的光景。[38]但是由富裕、奢华到穷困潦倒的大起大落，却让曹雪芹认识了社会的世态炎凉、人间冷暖，由南京迁居北京之后的若干年，曹雪芹开始创作巨著《红楼梦》。

冯其庸先生曾直言不讳地指出："曹家的飞黄腾达，宾客盈门，牙签玉轴，烟海缥缈，固然是对曹雪芹的培养，而曹家的大树飘零，沦为贫民，流于市井，从另一个角度来看，这也是一种'培养'。……这个震古烁今的天才不仅是属于他的时代的，还应该是属于他的家庭。"[39]

胡适先生认为："雪芹生于南京，时盖康熙末。雍正六年，（曹）頫卸任，雪芹亦归北京，时约十岁。然不知何因，是后曹氏似遭巨变、家顿落，雪芹至中年，乃至贫居西郊，啜饘粥，但犹傲突兀，时复纵酒赋诗，而作《石头记》盖亦此实际。乾隆二十七年，子殇，雪芹伤感成疾，至除夕，卒，年四十余（1719？—1763年），其《石头记》尚未就。今所传者止八十回。"[40]

因为《红楼梦》，曹雪芹才为世人所知，因为《红楼梦》的不朽，曹雪芹才不朽。一部《红楼梦》风靡了世界，让后世的读者为之痴狂。可是当年曹雪芹创作《红楼梦》时却是划粥为食，生活艰难，并不为世人理解，"满纸荒唐言，一把辛酸泪。都云作者痴，谁解其中味？"曹雪芹笔下富有生命力的一个个人物浮现在读者脑海中，一件件风物进入人们的视线，一处处景点呈现在眼前。作为《红楼梦》中贾府的居住地、生活圈的大观园，也让读者浮想联翩，它是否就是现实中的曹家老宅江宁织造府的复制？

大观园的问题

说到曹雪芹，必然说到《红楼梦》，说到《红楼梦》就无法避开大观园，没有人会否定大观园对于《红楼梦》的重要性。考证曹雪芹的住所与大观园的依据，两者是紧密联系的。

对于大观园的地点，学者们意见有分歧，主要是北京、南京两地说。俞平伯认为大观园原型在北京城西北部。但是俞先生也说在南京的可能性很大，"作者忆想他家的盛时，在金陵曾有一个大大的花园，这可能性依然很大的，亦即所谓'秦淮残梦忆繁华'。袁子才所谓'大观园即余之随园也'"[41]。

很多学者根据《红楼梦》中的描述，考证《红楼梦》中的建筑，复原大观园的规模，撰写了若干文章、专著，[42]有的还在现实生活中修建了大观园，以此影射曹雪芹以及《红楼梦》。依据《红楼梦》复原、修建大观园，没有什么不对的，挖掘《红楼梦》中的建筑文化、居住文化，是非常好的创意。但是复原大观园必须告诉人们，这是对于文学的《红楼梦》做的艺术化的开发，而不等同于就是《红楼梦》中的大观园，乃至现实版的曹家老宅、江宁织造府邸。

笔者以为大观园曾经是曹雪芹家族的居所，大观园的影子保留在曹雪芹记忆中，大观园进入了他的小说创作之中。但是大观园又不是真实的居所，而是记忆中的影子，文学化的居所。大观园只是个影子，而不是现实的曹家的园林。

大观园一隅

《红楼梦》中的大观园来源于生活，但是又不拘泥于生活，它是作家笔下艺术化的、具创造性的园林，而不是现实中的园林。开发《红楼梦》中的大观园可以，但是不要硬将文学的大观园说成生活中的某某园林。《红楼梦》可能影射历史，反映现实，但是它只是小说，而不是史籍。

王利器先生说得透彻：这个大观园，不过是作者直叙胸中丘壑，幻作纸上园林，一如陶渊明之创造桃花源罢了。因之，要说它在北京，也不在北京；要说它在南京，也不在南京。假如有好心的好事之徒，像刘子骥寻桃源一样去找大观园，我敢断言，任你南找北找，结果还不是"两处茫茫皆不见"！然则大观园在哪里？曰：就是《红楼梦》里！[43]

曹家的其他地产

南京、北京，曹雪芹都在居住过，究竟什么地方是曹雪芹的故乡呢？周汝昌先生认为：江苏南京，是曹雪芹家的实际上的"故乡"和"原籍"；他家获罪、丢官、抄家而后被迫搬回北京，那实在不是一种"还归故里"的滋味，简直不啻是"流迁"和"放逐"了。[44]

对于曹雪芹的故居、房产，红学家普遍认同的有两处，一是南京，二是北京。首先，大体情况上，因为曹雪芹祖上三代在南京做江南织造，曹家在南京居住首尾65年，曹雪芹出生于南京，孩提时代生活在南京，他与南京有不解之缘，见证了曹家的兴衰。其次，曹家被抄之后，曹雪芹被逼在北京落户，他人生的最后时期在北京。

吴新雷先生认为曹家在南京的住房有13处。大行宫与随园已经在前面说及。根据吴先生的考察，他认为有一处在丹凤街小学，1975年11月吴新雷先生约请杨廷宝、蒋赞初等专家，进行了实地考察。"由于厅屋已经拆光，只掘到了一些石础、石狮子、瓷器的残片，以及标有'大清雍正年制'的碗底。"这处厅堂，原有一块匾额"绍德堂"。其主人为直隶总督方观承在乾隆七年（1742年）授直隶清河道时购置，原宅院规模不小，在双龙巷与丹凤街之间，前后有五进，坐西朝东，北有花园，南有下房。[45]吴新雷先生推断，此宅院可能购自曹家。

1975年初，南京博物院考古人员在南京佛心桥37号院内发现"香林寺庙产碑"，立碑的年代是清嘉庆三年（1798年）九月。碑文记载："前织造部堂曹大人买施秣陵关田二百七十余亩，和州田地一百五十余亩。"这前织造部堂曹大人就是曹雪芹的祖父曹寅，这表明曹雪芹家是香林寺最大的施主。[46]一次施舍寺院420亩土地，可见曹家的经济实力之雄厚。

南京是曹家遗迹最多的地方，江宁织造府即曹家金陵老宅随着历史的沧桑，早已无存。曹家在南京的其他房产如今在何处，也无从考证了，只有等待新文物的出土，才可能水落石出。

对于曹雪芹这样一位伟大的作家，《红楼梦》这样一部伟大的作品，人们不会淡忘，复建他的文化遗址，建立他的纪念馆，让后人瞻仰，合情合理；更何况在南京还发现了江宁织造府的旧址。经过二十余年的努力，终于在南京修建了江宁织造府博物馆，希望以此来纪念曹雪芹，但是房子盖好了，却迟迟未能对外开放。《南都周刊》记者对此进行过专题报道；[47]从梦想到现实，江宁织造府博物馆走过了恩怨辛酸的25年，其间，有痴迷沉醉，有利益纠葛，有学术的争鸣，有资本与文化的碰撞，但是在官学商（官场、文化、商业）三方博弈中，没有寻求到平衡与突破，以致建筑遗迹落成后的博物馆，至今不能对外开放，一如两百年来的红楼纷争……

[注释]

[1]　[33]　刘世德：《曹雪芹》，载：《中国大百科全书·中国文学卷》，北京：中国大百科全书出版社，1988年，第55页。

[2]　[35]　[36]　[44]　周汝昌：《红楼家世——曹雪芹氏族文化史观》，哈尔滨：黑龙江教育出版社，2007年。

[3]　[4]　[7]　徐仲杰：《南京云锦史》，南京：江苏科学技术出版社，1985年。

[5]　[8]　[11]　[45]　周汝昌、严中：《江宁织造与曹家》，北京：中华书局，2006年。

[6]　吴新雷：《关于曹雪芹家世的新资料》，载吴新雷、黄进德：《曹雪

芹江南家世丛考修订本》，哈尔滨：黑龙江教育出版社，2009年，第7页。

[9]（明）吴应箕撰，吴小铁点校：《留都见闻录》，南京：南京出版社，2009年。

[10]　[12]　[15]　[45]　吴新雷：《南京曹家史迹考察记》，载吴新雷、黄进德：《曹雪芹江南家世丛考修订本》。

[13]　[24]　[34]　[39]　冯其庸：《漱石集》，长沙：岳麓书社，1993年。

[14]黄进德：《曹頫考论》，载吴新雷、黄进德：《曹雪芹江南家世丛考修订本》，第258页。

[16]　[26]　[32]　赵冈、陈钟毅：《红楼梦新探》，北京：文化艺术出版社，1991年，第13页。

[17]严中：《红楼丛话》，南京：南京大学出版社，1991年，第131页。

[18]对于大行宫小学是否就是江宁织造府，有不同的意见。南京红学家严中先生质疑"江宁织造府"挖错了地方，指出江宁织造府并不在大行宫小学一带，其真实方位在太平南路以西，长江路以北，而大行宫小学所在地是江宁织造的办公地点——江宁织造署。此处是江宁织造署的后花园，虽然与江宁织造府只有一字之别，但是两者却是两回事，承担着不同功能。南京大学吴新雷先生不同意严中的意见，在《红楼梦学刊》2004年第2辑发表了《关于江宁织造府、织造署的称谓问题》一文，对严中的观点进行批驳，言辞激烈，斥之为"主观臆测的错误说法"。

[19]顾颉刚：《1921年4月12日复胡适原书》，载胡适：《胡适红楼梦研究论述全编》，上海：上海古籍出版社，1988年，第18页。

[20]周汝昌：《芳园筑向帝城西——恭王府与红楼梦》，桂林：漓江出版社，2007年。

[21]　[41]　俞平伯：《大观园地点问题》，载俞平伯等：《名家眼中的大观园》，北京：文化艺术出版社，2005年。

[22]胡适：《胡适红楼梦研究论述全编》，上海：上海古籍出版社，

1988，第 53 页

[23] 朱偰：《金陵古迹图考》，北京：中华书局，2006 年，第 258 页。

[25] （清）李斗撰，汪北平、涂雨公点校：《扬州画舫录》卷四。北京：中华书局，1992 年。

[27] 吴新雷：《关于曹雪芹家世的新资料》，载吴新雷、黄进德：《曹雪芹江南家世丛考》（修订本），第 7 页。

[28] [29] 吴新雷：《曹雪芹评传》，载吴新雷、黄进德：《曹雪芹江南家世丛考》（修订本），第 140 页。

[30] [31] 黄进德：《曹雪芹家败原因新探》，载吴新雷、黄进德：《曹雪芹江南家世丛考》（修订本），第 183、185 页。

[33] 曹家被抄，最早的说法是政治原因说，也就是雍正篡位，需要剪除康熙朝的元老重臣；曹家掌管江宁织造府亏空国库，无法弥补亏空，雍正抄家纯粹是经济问题；曹家骚扰驿站，属于犯罪，遭遇抄家。冯其庸先生倾向于第一种政治原因说。详见冯其庸：《曹雪芹与红楼梦》，载：《漱石集》，第91 页。

[37] 吴柳：《京华何处大观园》，载俞平伯等：《名家眼中的大观园》，北京：文化艺术出版社，2005 年。

[38] 曹家被抄，曹雪芹究竟几岁？冯其庸先生《曹雪芹与红楼梦》说："大约在曹雪芹十三岁时曹家就被抄家败落。"吴新雷先生《曹雪芹评传》认为曹被抄家时，曹雪芹 17 岁。胡适先生在《胡适文存》中说曹雪芹回归北京，时约 10 岁。

[40] 胡适：《胡适文存》，转引自冯其庸：《漱石集》，长沙：岳麓书社，1993 年，第 71 页。

[42] 关于《红楼梦》建筑，以及大观园的文章很多，专著则有关华山的《红楼梦中的建筑与园林》、孟庆田的《红楼梦与金瓶梅中的建筑》、王慧的《大观园研究》等。

［43］王利器:《大观园在哪里》,载:《社会科学战线》,1979 年第 1 期。

［46］谢海涛、洪鹄:《江宁织造府复建背后——官商学历经 25 年利益博弈》,南方网,2009 年 2 月 15 日。

十二　魏源龙蟠里置业

　　与禁烟英雄林则徐同时代，且是其故交好友的魏源，是近代中国第一批"睁眼看世界"的人。魏源虽然是湖南邵阳人，但是成年以后的几十年间一直在江苏生活，在南京生活了若干年，留下了他的一处居所龙蟠里的"小卷阿"。

　　魏源（1794—1857年），字远达，号默深，湖南邵阳人。早年为一些知名的官员贺长龄、陶澍、林则徐做幕僚。1845年魏源53岁中进士，以知州分发江苏叙用，先后担任东台、兴化、高邮三地父母官。魏源第一次来江苏是1804年，时魏源11岁，随其父魏邦鲁至江苏任所读书。

南京龙蟠里建"小卷阿"

　　因为父亲魏邦鲁长期在江苏任职，与当时的江苏布政使林则徐、贺长龄，江苏巡抚陶澍均有来往，并与这几位后来做到江南总督、云贵总督、两广总督的封疆大吏有深厚的友谊，魏源的才干也得到了他们的赏识。清道光五年（1825年）魏源32岁时，江苏布政使贺长龄邀魏源入幕，并主编《皇朝经世闻编》，[1]道光七年（1827年）贺长龄调任山东布政使，魏源转入两江总督陶澍幕僚，帮助陶澍整顿两江盐务和水利诸事宜，显露出他在管理政务、治理水利等多方面的才干。

　　道光十二年（1832年），魏源相中地处城西清凉山下乌龙潭边，史称

"诗巷"的龙蟠里东侧，购地造屋。因紧邻乌龙潭湖畔，故名湖干草堂。后修建为别墅兼作讲学处，取名"小卷阿"，并亲自题写门额。史籍载："小卷阿，魏氏墅也。道光时，邵阳魏刺史源购地其间。"

龙蟠里的东侧就是小仓山，袁枚的随园就建在小仓山，西北侧是虎踞关，龚贤居住的地方，西面是清凉山，建有扫叶楼。此地历代文化底蕴深厚，"小卷阿"的东侧就是乌龙潭，湖光山色，环境幽静。魏源居住在此地，常常漫步潭边，或与友人潭中泛舟、吟诗作对、畅谈国事、高谈阔论。他曾与时任江苏巡抚的湖南老乡陶澍，在一个金秋之夜泛舟于潭上观月赏景。见月色之下的乌龙潭周边景色秀美，陶公云："乌龙美景，秀色可餐。"魏源即和之曰："有此妙处，何必西湖。"乌龙潭于是有了"小西湖"之雅誉。

为什么将居住地取名"小卷阿"？"卷阿"乃《诗经·大雅》中的篇名。"卷者，曲也；阿者，大陵也。"卷者曲也，阿者大山丘也，其远大志向寓于宅名之中。"小卷阿"以诗意命名，以佛理取名，以幽静取名。[2]

"卷"与"阿"二者合一，点明了南京"钟山龙蟠，石城虎踞"的地势。舍名冠以"小"字，即将"小卷阿"背依蛇山，面对小仓山，紧临乌龙潭畔的特定环境烘托出来，寓意深刻。这既体现了他自身"用则行，舍则藏"的儒家风度，又深化了临潭舍名的清雅意境。正如《日涛杂著》所引载："小卷阿，门外修竹千竿，亦颇得幽趣也。"

"小卷阿"的规模

当年的"小卷阿"规模如何？魏源的"小卷阿"是典型的江南民居，坐北向南，砖木结构，原为两路五进，有房9间，另有门房、厢房5间，建筑面积582平方米。在当时算不上大院，只能算小宅院。

魏源是湖南邵阳人，在邵阳还有一所规模远远大于"小卷阿"的故居，在魏源从政生涯中，也曾短期回过邵阳，嘉庆二十五年（1820年）他将母亲、妻子接到父亲江苏的住所之后，就一直没有再回家乡，终老于南京"小卷阿"。

清咸丰七年（1857 年）魏源去世后，他留在南京的家属先后有 80 余人都在"小卷阿"住过，其中的最后一个就是他的嫡亲曾孙女魏韬。魏韬女士1994 年去世，魏源家族在南京的一支也就完全断绝了。因为没有后人，魏源故居的产权也就划归政府所有。

但是，这个 1992 年就被列为南京市重点文物保护单位的故居，原临街的两间瓦房因道路拓展，已被无情地拆毁了。所幸的是"小卷阿"门额和魏源亲手植下的两株蜡梅尚有一株还保存着。

"小卷阿"里勤著书

1832 年魏源在龙蟠里构筑"小卷阿"居所后，就在此博览典籍，著书立说。第一次鸦片战争失败之后，魏源闭门著书，著成《圣武记》，提出"师夷长技而制夷"主张，成为后来洋务运动的主要思想武器。他断言"小变则小革，大变则大革；小革则小治，大革则大治"，至今仍然有借鉴意义。

魏源主张"经世致用"，革新变法。魏源主编的《皇朝经世文编》道光六年（1826 年）成书，次年刊印，是经世之学再起的标志。魏源指出："天下无数百年不弊之法，无穷极不变之法。"他认为："小更革则小效，大更革则大效。"[3]

魏源的名字是与禁烟名臣林则徐联系在一起的。1833 年林则徐调任江苏巡抚时，魏源为林则徐幕僚，帮助处理政务。鸦片战争时期，林则徐出任两广总督，钦差两广，查禁鸦片，魏源是禁烟的坚定支持者。林则徐虎门销烟，大长中国人志气，但是也因此得罪了洋人和朝中权贵，很快就遭到朝中投降派的诋毁，被皇帝革职查办。

林则徐在广东主持禁烟时，就"日日使人刺探西事，翻译西书，又购其新闻纸"，组织人翻译介绍西方情况的《四洲志》和《华事夷言》，主动了解西方的新趋向。林则徐被贬戌新疆途经镇江时，将《四洲志》书稿托付给为他送行的魏源，请魏源在此基础上，编撰出一部更全面、更详尽介绍外国情况的著作。于是，魏源退居在"小卷阿"里，开始编撰林则徐交代的任务。

魏源在 1842 年编成《海国图志》50 卷，其中除引用《四洲志》之外，还广泛征引了历代史志及中外古今各家著述 80 多种，全书达 57 万字。此后，魏源又陆续增补修订，1847 年扩为 60 卷，1852 年又增加到 100 卷。百卷本共约 88 万字，并有各种地图和船炮器艺图 100 多幅。该书是当时内容最丰富的有关世界知识和中国海防的百科全书，一经刊行，风行于世。[4]魏源披阅十载完成的《海国图志》，影响最为久远。此书完成后的 50 年，在中国出版了 13 个版本；完成的 20 年间，在日本翻译出版了 23 个版本。[5]

魏源著《海国图志》

魏源披阅十年的代表作，这是中国近代史上最早由中国人自己编写的介绍世界各国情况的巨著，其中心思想：向西方学习，利用西方先进科技发展自己，以达到强国的目的；反对外国资本主义侵略，主张"师夷长技以制夷"；学习西方政治制度，积极进行社会改革。此书启发了晚清后期的洋务运动。

魏源还在此写下多篇反映他在南京生活见闻和思想的诗作，其中《卜居金陵买湖干草堂》（三首）表达了他闭门写作的专注；《游摄山题幽居禅院》记述了登山的乐趣；《金陵怀古》（八首）则道尽了世事沧桑和人间感慨。

购置"小卷阿"的经济来源分析

按照本书的体例，照常要探讨一下魏源购置"小卷阿"的银两。500平方米的建筑，在清代中后期，不算大宅院，考虑到"小卷阿"当时所处的地理位置，距离城区有一定距离，在当时也不繁华，地价与房价都会偏低一些，购买"小卷阿"的经济支出不会很高。龙蟠里靠近小仓山，以在魏源年代之前的袁枚在小仓山购置面积比"小卷阿"大了很多倍的随园来比较，随园不过花费300两银子，加上物价上涨的因素，随园算是荒园，"小卷阿"有地有房，二路三进15间房。以此分析，连地带房的费用不会高过300两，应低于随园的价格。

民国时期的龙蟠里

清末至民国期间，龙蟠里曾经是南京最具文化代表性的地段，这里有惜阴书院、江南图书馆、薛庐。很多学者在此学习、读书，走向学术的高峰。

魏源购买"小卷阿"时，只是一个幕僚，幕僚不是官，也没有官员的权力与俸禄。他们获取的是聘用他们的官员支付给他们的报酬。聘请的官员官职大，收入高，相对支付给幕僚的收入也高。魏源依附的贺长龄当时是江苏布政使，《历代职官表》记载：清沿明制，以承宣布政使司为一省最高民政机构，而以布政使为主官，与管刑名之按察使并称两司，为从二品，仅次于巡抚一级。[6]清代的一省行政长官是巡抚，布政使为巡抚的僚属，布政使相当于现今的民政厅长，其地位与收入远不如总督、巡抚。

清代官员俸银有规定：正一品215.51两，从一品183.84两，正二品152.17两，从二品120.50两，正三品88.84两，从三品66.91两，正四品62.04两，从四品54.73两，正五品42.55两，从五品37.68两，正六品35.46两，从六品29.08两，正七品27.49两，从七品25.89两。顺治元年（1644年）议定俸禄标准的同时，还议定了汉官的柴薪银数额：一二品汉官，岁给柴薪银144两，三品124两，四品72两，五六品48两，七品36两，八品24两，九品12两。柴薪银在俸禄之外，属于汉族官员标准俸禄之外的一项特殊待遇。[7]官员除了正俸（工资）之外，还有其他的收入来源，如公银费、薪银、心红纸张银、修宅什物银、迎送上司伞银诸项的补贴，好比现在官员的车马费、接待费、过节费等。为了保证官员的清正廉洁，又开列出养廉银。大致上知县官居七品，正俸银45两，薪银、心红纸张银、修宅什物银、迎送上司伞银诸项，合计96两，超出正俸两倍多。

养廉银的数额相当可观，全国各地因经济发展程度不同，地理位置不同而有差别。以江苏养廉银定例，其中江苏的两江总督18 000两，江苏巡抚12 000两，苏州布政使9 000两，江宁布政使8 000两，江苏按察使8 000两，道员3 000~6 000两不等，养廉银超出正俸数十倍，总督高出88.87~129.03倍，布政使高出32.26~68.07倍。州府县也有养廉银，江苏境内的知府2 500~3 000两，知州1 000~2 000两，知县1000~1 500两，同知600~1 000两。[8]实行养廉银制度后，养廉银已经成为官员们的主要收入，正俸反而退居次要的位置。

从上面的薪金等收入分析，贺长龄作为江苏布政使，如果按照正常渠道获得经济收入，也就是一两万两银子，魏源当时是他的幕僚，还没有进入官阶，收入就更有限了。以魏源购置"小卷阿"时的情况分析，其收入不会高于知县。即便出外的礼待尚可，所谓宰相门前七品官，但是幕僚只是大员的参谋、附属，没有实际的权力执掌，没有更多的机会享受国家的正当俸禄，各种名目繁多的补贴、外快也较少。因此，实际的收入也不会很高。

　　30多岁的魏源只是幕僚，自然没有很高的经济收入，能够置办一处房产，已经不易了。中进士做地方父母官，已是20年之后53岁时。魏源为人正直，以他的个性，做幕僚时，也不会借长官之名敛财，所以收入有限。那么，他购置"小卷阿"的资金也不会很高。以随园300两银子来比较，考虑的是附近地段，有数额的可比性，"小卷阿"的实际价格应该是低于300两这个数额的。

魏源故居的颓败

　　魏源晚年境遇悲惨迷茫，1853年扬州被太平军占领，魏源旧居絜园毁于炮火之中。在战事平静后，魏源虽仍住在兴化，其全家则返回南京，仍住在龙蟠里"小卷阿"故居里。

　　魏源去世后，太平天国运动失败，京城沦陷，传说洪秀全的熊氏微服投奔"小卷阿"魏宅，三年后，王妃以隐情相告魏源儿媳汪夫人，并泣请帮助引渡佛门。魏源子魏耆夫妇以宅之一半设普渡庵，由王妃主持，并月奉米薪供其生活。[9]辟"小卷阿"一半设置庵堂，取名"普渡庵"，后人又称"皇姑庵"，王妃取法名"觉义"。当时清廷清查甚严，魏耆夫妇及王妃不顾危险，曾一度收留天王之女洪氏及其他宫眷避风于此，其义举一直为后人称颂。王妃在这座庵堂里相伴佛祖青灯几十年，直至民国时期圆寂。

　　对于是否有洪秀全王妃的存在，也有不同的观点。大致上有两点，其一，此女自称是洪秀全的元妃，元乃开始、第一之意。遍查太平天国资料，未能查到元妃其人，由此推测是后人假托；其二，魏源为官时，镇压过太平军，那么其后人收留洪秀全妃子以及亲属的可能性有多大？同样在南京筑园的袁枚，也镇压过太平军，死后袁枚墓地受到太平军的毁坏。[10] 著名的太平天国史专家罗尔纲对魏源后人收留太平天国王妃持否认现点，魏源是反对太平天国的代表性人物、关键性人物，罗先生贬低"小卷阿"的历史价值，是否因为魏源对太平天国并无支持，甚至反对，而罗先生是太平天国的坚定拥护者，因而对魏源有些排斥呢？这也只是一种推测。

根据南京地方文献专家薛冰先生的描述：1950 年 12 月，南京市太平天国运动百年纪念展览会筹备期间，魏源的曾孙魏伯带来太平天国天文玉玺和幼王玉玺拓本向筹委会报告，说天京攻陷后，一个太平天国掌玉玺的元妃逃到他祖父魏耆家，被收留，魏耆将自家房子一半舍出做了普渡庵，供元妃出家。对此，罗尔纲是否定的。1954 年魏伯与堂妹魏昭、魏韬上书政府，建议保护普渡庵并开辟清凉山乌龙潭一带为风景区。1955 年魏伯上书毛泽东，对罗尔纲考证有意见，请求政府另派专员调查。但是在罗尔纲的坚持下，"最终导致魏源故居被瓜剖而豆分，残余部分得不到保护修缮，且不断遭遇蚕食；而魏昭、魏韬两姊妹从此被人视为'存心不良'、'为人阴险'、'狡猾'之辈，终身未嫁，以致魏源一支就此断绝"[11]。

罗尔纲先生对"小卷阿"的否定，直接影响到魏源故居的文物定性。如果 20 世纪 50 年代，魏源故居就能列为江苏省级或者南京市级文物保护单位，居住在"小卷阿"里的居民可能早就搬迁走了，故居也就会理所当然地得到保护。

"小卷阿"是魏源购置的房屋，魏源曾在此居住多年，"小卷阿"是魏源的故居是确定无疑的。以魏源在中国近代史上的地位，其故居的文物价值自不必多说。偌大的南京难道放不下魏源故居吗？再者，太平天国兵败之后，确实有人曾寄身"小卷阿"，魏耆夫妇为其捐舍为普渡庵，但是庵主是否为王妃，已经无法证实。这也无关紧要，只要魏源故居是真的，就有保留的价值。

魏源故居可有新生

20 世纪 50 年代的对魏源故居价值的否定，影响了魏源故居的被保护进程。到了 20 世纪末中国进入城市大开发时代，对城市的古迹、名人遗存的破坏加剧。至于魏源故居这样被具有社会影响的专家否定的遗存，那更是得不到保护，毁灭的风雨来得更加迅猛。此时的龙蟠里二十号院中，魏源故居只剩下了一个狭小的角落，一块历经浩劫的"小卷阿"砖雕门楣，故居的房屋中居住着居民以及外来的承租户，拥挤杂乱，电线像蜘蛛网，安全隐患随处可见。

2007 年，因为电线老化的原因造成失火，损失了 4 间木质结构的房间，更使老建筑雪上加霜。因为龙蟠里道路拓宽，临街的两间瓦房已被拆毁，魏源故居面目全非。后来，龙蟠里一带面临拆迁，开发商几次要推掉"小卷阿"，由于南京媒体的报道干涉和市民的呼吁，"小卷阿"也就在媒体、市民与开发商的交锋中，得以暂时保留。但是因为修缮工作没跟上，"小卷阿"的颓败仍在加剧。对于魏源故居"小卷阿"的不断被蚕食和破坏，南京地方文献专家薛冰先生感慨道："秦淮河畔传说为李香君卖笑的妓院媚香楼，会有人热心地考证修复视如拱璧；而龙蟠里中确系魏源故居"小卷阿"，则不断遭到蚕食和破坏。这恰恰又证明了一个真理：人们对于不能理解其价值的东西，毁损起来总是更加不知心痛。这算不算南京文化的一个缺憾呢？这已不仅是龙蟠里的悲哀，更是南京文化的悲哀、中国文化的悲哀。"[12]

呼吁修缮魏源故居已经若干年，媒体也有多次报道，有关部门也多次表示对"小卷阿"要重修、出新，然而总是雷声大，雨点小，文化与利益的冲突殃及魏源故居，"小卷阿"依然蜷缩在龙蟠里中，与十几户居民拥挤在一起，忍受着烟火侵扰。网络上有一篇文章这样写道："在高大建筑的挤逼下，这里只是一个仄逼矮小的门面——破旧、沧桑。我站在门前往里面看，是一个直直的通道，像一个防空地洞，幽暗，凌乱，光线被裁割得零零碎碎。从房间走出一位 80 多岁的老大爷对我们说，这不是魏源故居的原貌，原貌被大火烧了，这是后来复制的。如果没有门洞左侧立地的一块方正低矮的石碑上的'魏源故居'几个字，你真的无法想象这就是'近代第一个睁眼看世界的人'——魏源故居的现状。魏源是何许人，对社会有什么贡献，已经很少有人知道了，魏源以及他的故居已渐渐被世人遗忘了。"

与南京魏源故居颓败、冷落形成鲜明对比的是魏源故乡邵阳隆回县对魏源的重视。当地政府对魏源故居修缮过三次，魏源嫡曾孙女魏韬去世时，南京魏源故居留下的遗物，2002 年被湖南方面来人租用一辆货车运回了湖南隆回。根据南京"小卷阿"里当年魏源书房摆设而复原陈列，1996 年隆回的魏源故居被列为全国重点文物保护单位。

魏源的其他房产

魏源的故居共有三处，一处是南京龙蟠里的"小卷阿"，这是魏源最主要的居住地。另外两处是江苏扬州故居絜园和湖南邵阳的魏源故居（实际是祖居）。

湖南魏源故居位于邵阳门前镇金潭学堂湾村，其故居是魏源祖父孝立公留下来的产业，始建于清朝乾隆年间。故居是一座两正两横的木结构四合院，占地面积 2 300 平方米。故居先后经历过三次维修，除了左厢房和读书楼后小部分是按原貌重修以外，其余大部分是原始建筑。

1835 年魏源 42 岁，因五次晋京会试不中，绝意考场，故在扬州又置絜园住宅一所。絜园的构造大抵南部是花园，北部是住宅。花园里原有荷塘、鱼池，池上有白石桥，周边有太湖石与黄山石堆叠的假山，竹木花草之间布置着石桌、石凳，错落有致。住宅分东、中、西三路，厅堂、庭院、书斋、客座、花房、灶间，楼阁亭台，无不具备。魏源诗《絜园暑夜登月台》、《扬州絜园闲咏》中有"池楼凉似水，林月淡于烟"，"万竹绿围花，百花香绕家"之句。据说絜园是魏源做幕僚管理盐政时所挣之钱购建的。絜园建成后，魏源经常往返于南京、扬州两地。[13]在如今"绿杨深巷"的古城扬州，絜园原址位于新仓巷 37 号，不过这条普通的小巷，已经没有了魏源扬州故居的遗存了。

笔者曾数次去南京龙蟠里 20、22 号，2011 年国庆节期间，笔者与小女沐天再次去龙蟠里探访魏源故居，故居的外观已经有所变化，十几户居民已经搬迁出故居，故居的西门已从居民大院中移至龙蟠里临街一侧，故居的东门开在乌龙潭公园里。一堵新砌的围墙将原龙蟠里 20、22 号的故居与紧邻的龙蟠里 18 号隔离，形成独立的院落。只是几年前还在的魏源当年手书的"小卷阿"的门楣上没能见到。笔者去的时候，魏源故居的大门紧闭，透过门缝看到的是空荡荡、凌乱的小院。除了龙蟠里故居的墙角有一块原先竖立在居民大院的南京文物保护单位的石碑外，没有指示牌、路标等其他的标志，石碑的底座没有了，石碑半埋在地上，并不显眼。每天从龙蟠里匆忙而过的人们很少会注视这块石碑，也很少会有人驻足观看这座貌不惊人的小平房。

已经修缮的魏源故居（黄沐天摄）

曾经被蚕食、蜷缩在居民大院一隅的魏源南京故居"小卷阿",当时房屋倾斜,摇摇欲坠,如今外墙修缮一新,占地面积扩大至 1 500 米。魏源在南京的唯一遗存终于保存下来了,人们期待着魏源故居早日对外开放。

从乌龙潭公园一侧的东门漏窗可以窥视魏源故居大致有三大间房屋,东侧的院落稍大,约 100 平方米,西侧的院落较小,约 20 平方米。

颓败、倾斜的魏源故居,终于得到了修缮,让曾经奔走呼吁的人们多少得到些慰藉。尽管恢复与对外开放还有待时日,但是历经 170 余年风雨的魏源故居"小卷阿"能够保存下来,毕竟是幸事。

[注释]

[1] [11] [13] 谭伯鲁:《魏源在江苏》,载江苏省文史研究馆编:《馆员文存》,南京:凤凰出版社,2003 年。

[2] 刘伟顺:《南京魏源故居"小卷阿"命名管见》,载:《邵阳学院学报社会科学版》,2008 年第 3 期。

[3] 魏源:《魏源集》,北京:中华书局,1976 年,第 5 页。

[4] 李长莉:《近代中国社会文化变迁录》第一卷,杭州:浙江人民出版社,1998 年,第 25 页。

[5] [9] [12] 薛冰:《家在六朝烟水间——南京》,上海:上海古籍出版社,2000 年。

[6] 瞿兑园:《历代职官简释》,载(清)黄本骥编:《历代职官表》,上海:上海古籍出版社,1984 年,第 48 页。

[7] [8] 黄惠贤、陈锋:《中国俸禄制度史》,武汉:武汉大学出版社,1996 年,第 539、552 页。

[10] 黄强:《袁枚南京随园置业》,载:《天一》,2008 年第 5 期。

参考文献

一、典籍部分

上海古籍出版社、上海书店编:《二十五史》缩印本,上海:上海古籍出版社、上海书店影印,1992年。

(晋)葛洪:《抱朴子》,上海:上海古籍出版社,1990年。

(晋)阮籍:《阮籍集》,上海:上海古籍出版社,1978年。

(晋)陶渊明著,逯钦立校注:《陶渊明集》,北京:中华书局,1979年。

(晋)陶渊明著,曹明纲标点:《陶渊明全集》,上海:上海古籍出版社,1998年。

(晋)陶渊明著,郭维森、包景诚译注:《陶渊明集全译》,贵阳:贵州人民出版社,1996年。

(唐)杜甫著,李谊注释:《杜甫草堂诗注》,成都:四川人民出版社,1982年。

(唐)王维著,陈贻欣选注:《王维诗选》,石家庄:河北教育出版社,1999年。

(唐)白居易:《白氏长庆集》,四部丛刊本。

(宋)孟元老著,姜汉椿译注:《东京梦华录全译》,贵阳:贵州人民出版社,1998年。

(宋)陆游著,杨立英校注:《老学庵笔记》,西安:三秦出版社,

2003 年。

（宋）王安石著，宁波、刘丽华、张中良校点：《王安石全集》，长春：吉林人民出版社，1995 年。

（元）陶宗仪等编：《说郛三种》影印本，上海：上海古籍出版社，1989 年。

（明）吴应箕撰，吴小铁点校：《留都见闻录》，南京：南京出版社，2009 年。

（明）无名氏：《天水冰山录》，北京：北京古籍出版社，2002 年。

（清）李渔：《闲情偶记》，北京：作家出版社，1995 年。

（清）蔡上翔：《王荆公年谱考略》，上海：上海人民出版社，1973 年。

（清）李斗撰，汪北平、涂雨公校注：《扬州画舫录》，北京：中华书局，1997 年。

（清）黄本骥编：《历代职官表》，上海：上海古籍出版社，1984 年。

（清末民初）陈作霖、陈诒绂撰：《金陵琐志九种》，南京：南京出版社，2008 年。

朱偰：《金陵古迹图考》，北京：中华书局，2006 年。

王焕镳编纂：《首都志》，南京：南京古旧书店、南京史志编辑部翻印，1985 年。

二、著作部分

刘敦桢主编：《中国古代建筑史》（第二版），北京：中国建筑工业出版社，1993 年。

刘敦桢：《中国住宅概说》，天津：百花文艺出版社，2004 年。

梁思成：《中国建筑史》，天津：百花文艺出版社，2004 年。

楼庆西：《中国古建筑二十讲》，北京：三联书店，2004 年。

傅熹年：《中国古代建筑十论》，上海：复旦大学出版社，2004 年。

傅熹年：《傅熹年书画鉴定集》，郑州：河南美术出版社，1999 年。

李秋香：《中国民居》，天津：百花文艺出版社，2003 年。

汪菊渊：《中国古代园林史》，北京：中国建筑工业出版社，2006 年。

徐仲杰：《南京云锦史》，南京：江苏科学技术出版社，1985 年。

刘海峰、李兵：《中国科举史》，上海：东方出版中心，2006 年。

黄惠贤、陈锋主编：《中国俸禄制度史》，武汉：武汉大学出版社，
1996 年。

张海鹏、王廷元主编：《明清徽商资料选编》，合肥：黄山书社，
1985 年。

李长莉：《近代中国社会文化变迁录》第一卷，杭州：浙江人民出版社，
1998 年。

廖仲安：《陶渊明》，上海：上海古籍出版社，1987 年。

杜景华：《陶渊明传》，天津：百花文艺出版社，2005 年。

郭沫若：《李白与杜甫》，北京：人民文学出版社，1972 年。

傅庚生：《杜诗散绎》，西安：陕西人民出版社，1979 年。

冯至：《杜甫传》，天津：百花文艺出版社，2003 年。

缪钺：《杜甫》，成都：四川人民出版社，1983 年。

霍松林：《唐宋名篇品鉴》，北京：中国社会科学出版社，1999 年。

张弘：《迷路心向因象佛——白居易与佛禅》，郑州：河南人民出版社，
2002 年。

梁启超：《王安石传》，海口：海南出版社，1993 年。

邓广铭：《王安石——中国十一世纪时的改革家》，北京：人民出版社，
1975 年。

张宏杰：《锐吏王安石》，沈阳：辽宁画报出版社，2001 年。

叶坦：《大变法——宋神宗与 11 世纪的改革运动》，北京：三联书店，

1996 年。

张白山、高克勤撰：《王安石及其作品选》，上海：上海古籍出版社，1998 年。

刘维才：《王安石钟山题咏选注》，南京：江苏省旅游局宣传部编印，1984 年。

赵益：《王霸义利——北宋王安石改革批判》，南京：南京大学出版社，2000 年。

徐文明：《出入自在——王安石与佛禅》，郑州：河南人民出版社，2002 年。

朱东润：《张居正传》，海口：海南出版社，1993 年。

李锦全：《海瑞评传》，南京：南京大学出版社，1994 年。

黄强：《李渔研究》，杭州：浙江古籍出版社，1996 年。

萧平、刘宇甲编著：《龚贤研究集》，南京：江苏美术出版社，1989 年。

王英志：《随园性灵》，南京：东南大学出版社，2004 年。

薛冰：《家住六朝烟水间——南京》，上海：上海古籍出版社，2000 年。

陈美林：《吴敬梓研究》，上海：上海古籍出版社，1984 年。

陈美林：《吴敬梓评传》，南京：南京大学出版社，1992 年。

李汉秋主编：《儒林外史鉴赏辞典》，北京：中国妇女出版社，1992 年。

马敏：《官商之间——社会剧变中的近代绅商》，天津：天津人民出版社，1995 年。

俞平伯等著：《名家眼中的大观园》，北京：文化艺术出版社，2005 年。

周汝昌：《芳园筑向帝城西——恭王府与红楼梦》，桂林：漓江出版社，2007 年。

周汝昌：《红楼家世——曹雪芹氏族文化史观》，哈尔滨：黑龙江教育出版社，2007 年。

周汝昌、严中：《江宁织造与曹家》，北京：中华书局，2006 年。

冯其庸：《漱石集》，长沙：岳麓书社，1993 年。

吴新雷、黄进德：《曹雪芹江南家世丛考》修订本，哈尔滨：黑龙江教育出版社，2009 年。

严中：《红楼丛话》，南京：南京大学出版社，1991 年。

余英时：《士人与中国文化》，上海：上海人民出版社，1987 年。

何晓昕编著：《风水探源》，南京：东南大学出版社，1990 年。

陈从周：《中国园林》，广州：广东旅游出版社，1996 年。

石三友：《金陵野史》，南京：江苏人民出版社，1985 年。

杨小苑、丁波、杨新华：《南京名人故居史话》，南京：南京出版社，2008 年。

田茜、张学军编著：《十个人的北京》，北京：华夏出版社，2003 年。

〔美〕黄仁宇：《万历十五年》，北京：中华书局，1982 年。

〔美〕牟复礼、〔英〕崔瑞德编：《剑桥中国明代史》，北京：中国社会科学出版社，1992 年。

中国大百科全书总编辑委员会：《中国大百科全书·中国历史卷》，北京：中国大百科全书出版社，1992 年。

中国大百科全书总编辑委员会：《中国大百科全书·建筑卷》，北京：中国大百科全书出版社，1988 年。

中国大百科全书总编辑委员会：《中国大百科全书·中国文学卷》，北京：中国大百科全书出版社，1988 年。

三、论文部分

陈美林：《鲁迅与吴敬梓》，载《儒林外史研究论文集》，合肥：安徽人民出版社，1982 年。

谭伯鲁：《魏源在江苏》，载江苏省文史研究馆编《馆员文存》，南京：

凤凰出版社，2003年。

　　李牟年：《李渔和他的造园艺术》，刊《园林与名胜》1985年第6期。

　　胡圣如：《金瓶梅里的饮食和物价》，载东郭先生《闲话金瓶梅》，太原：北岳文艺出版社，1991年。

　　黄强：《金瓶梅中的置业》，刊《广厦置业》2005年第1期。

　　黄强：《陶渊明的田庄生态置业》，刊《广厦置业》2006年第2期。

　　黄强：《半山园与王安石南京置业》，刊《广厦置业》2006年第4期。

　　黄强：《杜甫成都草堂置业》，刊《广厦置业》2006年第5期。

　　黄强：《吴敬梓秦淮水亭置业》，刊《广厦置业》2006年第6期。

　　黄强：《王维辋川别业置业》，刊《天一》2008年第1期。

　　黄强：《袁枚南京随园置业》，刊《天一》2008年第5期。

　　黄强：《王安石南京半山园置业记》，刊《金陵瞭望·美城》2008年第4期。

　　黄强：《吴敬梓置业——秦淮水亭》，刊《金陵瞭望·美城》2008年第12期。

　　黄强：《白居易私家园林置业》，刊《徐州教育学院学报》2009年3期。

　　黄强：《李渔与芥子园》，刊《南京日报》2008年11月24日A9版。

　　黄强：《龚贤与半亩园》，刊《南京日报》2010年5月7日A16版。

后　记

这本《文人置业那些事》写作缘起于一本杂志《广厦置业》的创办。

（一）

2005 年年底，南京广厦物业公司老总找我，说及他们准备办一本企业杂志，筹划了两年，一直未能出来，希望新年后能够出来，请我推荐编辑人员。原想推荐几位年富力强的编辑，结果却推荐了从未在专业媒体工作过、年近 67 岁的严某。推荐他的本意是考虑他一生几起几落，还被开除了党籍，再次善意地帮他一把，此前我多次帮助他。

白手起家，困难重重。考虑到杂志初办，文化内涵不够，我建议设置"置业史话"栏目，一是贴合杂志编辑方向，二是提高文化内涵。栏目确定了，稿件哪里来？大概全国都没有专写置业史的专家，只有我披挂上阵。尽管我以前没有写过专门的置业经济史文章，但是好在我研究中国文化史多年，对四大名著尤其是《金瓶梅》颇有研究心得，对书中购房置业的情节非常熟悉，所以开篇就以《金瓶梅中的置业》破题。

首篇解决了栏目缺稿燃眉之急，但杂志要办下去，"置业史话"栏目依然存在，文章还要继续写。在这样的压力下，我开始连续撰写"置业史话"稿件。杂志创办一年后，趋于稳定，严某"旧病"复发，把发稿作为一种交易，对"置业史话"稿件也颇有微词。虽然又陆续刊发了几篇，但是删改欠妥，校对不精，舛误不少，我也感到不爽。好在其他媒体对这个专题颇为赏识，文章陆续在《徐州教育学院学报》、《财智风尚》、《金陵瞭望·美城》、《南京日报》等报刊上刊出，影响力远远大于《广厦置业》。

中央电视台"百家讲坛"节目火暴后，各地电视台跟风节目一哄而上，我原先供职的江苏电视台城市频道，也开办了"万家灯火"栏目。制片人有意请我讲授《金瓶梅》，考虑到《金瓶梅》一书的社会影响，送审难以过关，我推荐了"置业史话"的选题。2007年8月完成了13课的讲稿，然而计划赶不上变化，讲稿交稿后，制片人有所顾虑，电视讲授最终流产。但是为了讲课，书稿当时已经创作了13个章节，因此，客观上电视讲授的计划促进了书稿的写作。

2010年3月，江苏文艺电台主持人江文先生邀请我以《文人的家园》为题，在"文艺非常道"节目开设系列讲座，用另一种眼光、另一种角度审视古今文人骚客的置业，探究房屋的营建对他们创作的影响，也结合目前的楼市走向，进行点评，节目播出后颇受听众的欢迎。

（二）

关于古代建筑、建筑文化、建筑史，以及名人故居的文章、图书都很多，但是它们多关注建筑的形态与营建的过程，而忽视了营建的经济问题。历史文献中，关于古人置业的经济记录也是简而又简，少之又少，这就给研究这个专题带来很大的困难。比如说在南京营建别墅、故居的历史名人很多，但是要按照本书的体例，梳理他们的置业过程、交易金额，问题就显露出来，无法逾越。曾就李渔芥子园置业的经济支出，向与我同名同姓的李渔研究专家、扬州大学文学院黄强教授请教。他告诉我，西秦之行，李渔解决了购买芥子园的资金问题，想来金额不会小，可是李渔的文集中没有提及具体的数目。李渔置业的资金究竟有几何？至今没有找到可靠的文献，大概无法考证出准确的数目。缺少了经济数据，就无法用直接的史料，验证当时的房价走向。其他如成都草堂，杜甫究竟花费多少？南京半山园，王安石的费用支出几何？都没有明确的数目。

置地购房的交易数目其实是非常重要的，可以了解当时社会的经济水准，人们的生活水平，乃至生产力的发展状况，与其他地区、国家的差别等。数据虽然是简单不过的记录，似乎很枯燥，其实最有说服力。何以买到紧俏或好地段的地皮？盖房的钱从何而来？是靠薪水积攒？还是靠权力腐败，敛财搜刮？看看房主的职位与收入，看看他置地购房的规模，就一清二楚了。里面有多少猫腻，有多少腐败，不言而喻。明代大奸臣严嵩被扳倒后，其侵吞、受贿的财产中，就有大量的房产。如果把这个观点拿到现实社会，同样具有说服力，因为每一个贪官背后，都有权力的交易，房地产行业是腐败案件的高发行业。

置业经济与政治史也有关，杜甫成都草堂置业得益于好友严武的支持，但是严武死后，杜甫就离开了成都草堂。为什么要离开草堂？有人认为严武死后，杜甫失去了严武的经济支持和政治庇护。由此也引出了一个问题，成都草堂的归属究竟是杜甫还是严武？在杜甫的诗作中，草堂的建立得力于朋友的帮助，自然包括严武的支持。草堂是在杜甫亲躬之下的产物，应该归属杜甫。但是一手营建的家业，仅仅因为严武的死，就弃之不用，又四处漂泊，而且当时杜甫的经济状况非常不好，显然这里面有更多的政治因素。

置业经济与建筑史、艺术史也有关，其房屋结构、造型属于建筑史范畴，也与艺术史搭界；具体如何购买，花费多少，又属于经济史的内容。对于建筑史，一代建筑宗师梁思成先生说过，古代房屋，建筑形式因为年代久远，已经很难找到建筑实物。目前，中国境内，保持最早的建筑是唐代的，唐代以前的已经消失殆尽。写建筑史尚且存在如此的困难，那么，写房屋的置业史就更是难上加难。有人曾说古代置业史很好写，从古代文献中找点资料，编编写写就成了。说起来简单，但是真要梳理古代文献，翻阅资料，就会感到并不简单，房屋的资金从何而来？房价几何？并没有很多详细的记录。因此，写这样的书其实是给自己找麻烦，也是一种挑战，此前我的研究侧重于服饰史、明清小说、佛教文化，本书的撰写对我学术研究实则是一个拓展。

（三）

1988 年初夏，我去北京大学中文系，拜见中国古典诗歌研究权威林庚先生（字静希），静希师对我语重心长地说：学术研究贵在创新，年轻时一定要多读书，多思考，多做些扎实的准备，为今后的学术研究打下基础。一个人的学术研究高峰就在 30 岁左右，30 岁左右的悟性、眼光、见解决定了他一生的学术成就，并不一定要有多少论文、多少著作，有无职称，只要有了独特、独到的学术眼光、境界，今后的学术成就定会直线上升，否则只是平行发展，不会有较大的成就。

20 多年来，我一直铭记静希师对我的教诲，在研习学术时，注意从不同的角度思考、探究问题，我称之为另类视角。1993 年发表了从服饰角度研究《金瓶梅》的另类《金瓶梅》研究论文，拓展了《金瓶梅》的研究思路。中国《金瓶梅》研究会副会长、上海交通大学许建平教授褒奖我的金学研究"自成一家"；国务院学位委员会学科评议组成员、华东理工大学副校长涂善东教授也说"你的学术见解很有新意，令人耳目一新"。大体上我写的每篇论文都有一些新的东西，或新角度，或新材料，或新观点。中国汉画研究会副会长、中国社会科学院考古研究所赵超研究员勉励我，认为我对"明代奇书《金瓶梅》的时代考证就是一种十分新颖的思路"，并说"将妇女的内衣作为专题来深入研究，是黄强先生的一个创造"。

我在 1997 年第 3 届国际《金瓶梅》学术研讨会上的发言中提到，《金瓶梅》研究要用新的思维。不仅在《金瓶梅》研究中这么做，在中国服饰史研究，以及其他方面的研究，我也遵循着这种观点，实践着这样的方法。2008

年 6 月在徐州的江苏明清小说年会及同年 8 月在临清的第六届《金瓶梅》国际研讨会等多种场合,我都倡导学术研究的新思路、新观点,包括对高校古典文学、传统文化课程的现代化改造。传统文化如果不能与时俱进,适应现代社会发展的需要,必然落伍、落后,甚至被淘汰。看看我们高校开设的若干古典文学、文化的课程,还有多少学生爱听?再看看我们一些教师出版的这类内容的书籍,究竟有多少读者会买?如果不是为了拿学分、拿学位、混文凭,学生们会去听课吗?会去报考研究生吗?倘若不是得到了课题资金的资助,又有哪家出版社愿意出版?我们现在批评出版社唯利是图,不肯出版学术书,假如这是一部耐人品读、有市场、受到读者欢迎的书,出版社不会因为它是学术书而拒之门外。有没有读者,有没有市场,才是出版社最关心的问题。好书稿,不愁没出版社要。

读过本书的读者,想来会认同我的说法,因为这本书本身就是在新思维、新观点、新角度指导下诞生的产物。对中国经济史、置业经济、楼市房价这些方面,我本是门外汉。偶然的介入让我发现了古人置业经济中的一些有趣、有用的信息。个人认为这些信息对我们今天的居住环境、置业生活有些帮助。于是从古代史籍、文献中搜罗扒剔,辨彰学术,考镜源流,糅合现代置业观点,进行分析、归纳,从而将不为大家熟悉的文人置业状况呈现给读者。

本书的大多数章节以人物为主线,将名人、名事、名景、名诗糅合在一起,还旁及人物的交友、文学创作、景点介绍等事件。也在于说明文人的置业不单纯是买间房屋,有一个居住的场所,与文人的经历、创作也密切关联。置业的价值取向,房价的波动,房屋的构架,受社会大气候的影响。购房资金的来源也可窥视出购房者的身份背景和品行,是廉洁还是腐败?剖析个案,通过以小见大来了解置业经济的发展轨迹,以及隐藏在房屋背后的社会问题。房子说小就是一人一家的居住场所,说大关系到民生,关系到社会制度的清明与否。小房子,大社会,我们不能等闲视之。

（四）

书稿完成后，多个章节在报刊上已发表，也有出版社有意向出版，其中有一家出版社旗下的文化公司开出优惠的条件，但是由于双方在书稿认识上存在分歧，而未能合作。有较高的首印数、优厚的版税当然好，但是写书对于我来说，首先不是盈利，而是观点的传递、思想的传播。把书做好，做精美，体现作者的意图，给读者带来帮助，也给出版社带来利润，才是多赢。

本书最早以"史话"形式撰写，内容以人物为主，但是并不局限于人物置业，也写了徽商置业、清代王府建设，后来以置业史面貌出现时，又撰写了上古时期的置业、民国置业的概况。在电台做系列讲座时，则以文人置业为话题。鉴于这样的原因，书名也是多次变化：《中国置业史话》、《中国购房图史》、《文人的家园》、《风流名人屋》、《中国人构房史》、《中国文人置业志》，但是总觉得有所欠缺，未能紧扣书稿主题。

书稿提交暨南大学出版社之后，总编辑史小军教授高屋建瓴，对书稿提出了建设性的意见，认为应当去掉多线索的弊端，集中于文人置业。于是我对原有章节进行了调整，原来书稿多线索、内容松散的问题得到了解决，书稿集中到文人置业这个主线上，书名也能切合主题。后来根据民国置业另外成书的出版需要，又进行了一次调整，本书则专说中国古代文人的置业。史小军教授将书名定为《文人置业那些事》，虽有点跟风，好在内容独创，也确实说的是文人置业的那些事。

小女黄沐天年幼好学，我在南京考察文人遗迹时，也时常带她同行，让她感受遗迹的历史文化氛围，希望她读懂南京的历史文脉，热爱她所居住的城市及其历史文化。小女也帮助拍摄了一些图片，临绘插图，让我欣慰。

感谢南京师范大学陈美林教授的赐序。先生德高望重、学识深厚、学风严谨，为了作序，通读全稿，纠正舛误，时逢南京炎热高温，先生又因房颤住院半月有余，出院后，惦记着序言之事，令我感动。先生的学生中，博士、硕士，教授、编审无数，我只是一介草根，先生不以为弃，扶病赐序，褒奖有加。

　　感谢暨南大学出版社及总编辑史小军教授的赏识，史教授提出了以浅学术图书满足读者，使读者、作者、出版社多赢的观点。在信息化社会，工作节奏快，压力大，心情浮躁，人们热衷于快餐文化。纯学术著作曲高和寡，受众面窄，不利于知识的传播；快餐文化图书，只有热量没有营养，还可能会误导读者；浅学术图书既有一定的知识性，写法上又抓住了读者的兴趣，容易为读者接受。好比一份饭菜，营养、便捷、色香味俱全，人们自然会喜欢。史教授认为本书就是一本浅学术的著作，只要定位准确，编辑用心，包装得当，宣传到位，会是一本有不俗表现的图书。

　　感谢责任编辑陈涛女士为本书出版付出的努力。书稿在审读过程中，陈涛编辑对书稿的结构、观点论述、表述方式等方面都提出了不少建设性意见，笔者根据这些意见对书稿进行了调整和修改。最后要提前感谢每一位购买或借阅本书的读者，谢谢你们的支持。

黄强（不息）

二〇〇七年九月二十七日初稿，石城现代艺术创意园

二〇一一年十月二十日凌晨定稿，南京文津桥畔